LOS CIEN VERSOS DE CONSEJOS

Enseñanzas de budismo tibetano
sobre las cosas que más importan

DILGO KHYENTSE & PADAMPA SANGYE

Traducido al inglés por el grupo
de traductores Padmakara

Traducido al español por Shanti Gordi

Ediciones Amara. Ciutadella de Menorca

Título original: *The Hundred Verses of Advice*
Publicado por cortesía de Shechen Publications

Ediciones Amara. Ciutadella de Menorca

Publicado por vez primera en 2008
Ediciones Amara

2002   de Shechen Publications
2008 © Por Ediciones Amara para la edición española
2008 © de la traducción: Shanti Gordi
2008 © coordinadores de la traducción:
        Marta Moll e Isidro Gordi

Diseño de la portada: © Federica Mahieu

ISBN de la obra: 978-84-95094-28-5
Depósito Legal: B. 5.504-2008

Dilgo Khyentse Rimpoché

Trulshik Rimpoché

Contenido

Prefacio

Por Trulshik Rimpoché

OM SVASTI

> León del Mundo, quien en la Tierra Santa y en otros
> lares,
> Asumió forma humana y vivió durante seiscientos años
> su maravillosa vida de liberación
> Ante él, el sublime, ante Larga Vida Vidyadhara, yo me
> inclino con respeto.
>
> Al pueblo de Tingri, en el Tíbet, dirigió sus palabras
> Los Cien Versos, lo más profundo de lo profundo,
> Su discurso, exquisitamente adornado, escuchado en
> todas partes y en todas ellas renombrado
>
> Lo hallarás en este excelente libro, presentado con
> absoluta claridad y muy bien explicado,
> Por quien fuera ejemplo de reencarnación intencionada
> Jamyang Khyentse Wangpo, segundo Buda del Tíbet;
> A él, omnisciente sustentante del Vehículo Supremo de
> las enseñanzas,
> Cuya lengua diamantina pronunció estas palabras, yo le
> rindo mi más sincero homenaje.

Aprovecho la presentación de este libro, donde se exponen estos versos, para pronunciar unas palabras sobre el Maestro, conocido en la Tierra Santa de la India como Acharya Kamalashila, y, en el Tíbet, como Padampa Sangye.

Padampa Sangye viajó al Tíbet en tres ocasiones antes de quedarse allí definitivamente, y con toda seguridad podemos afirmar que fue guiado por el Buda con su primordial forma de sabiduría. Poseía una piedra milagrosa que le había dado el Buda y, desde la India, la lanzó hacía el Tíbet formulando un deseo: donde fuera que la piedra cayera, encontraría discípulos a quienes enseñar. Entonces, se encamino hacía el Tíbet en busca de la piedra.

Ésta había caído en un lugar ahora conocido como Tingri Langkhor, en Latö, en la provincia de Tsang. Cuando Padampa Sangye llegó allí había estado nevando. Pero donde aterrizara la piedra, pudo vislumbrar una zona oscura pues toda la nieve a su alrededor se había fundido. Le dijeron que la piedra, al caer, había sonado como *ting.* Por este motivo, el lugar fue llamado Tingri; y allí, Padampa estableció su monasterio, en un sitio donde los almizcleros merodeaban formando círculos, y que así fue conocido como Lakor (o Langkhor), que significa "rodeado de almizcleros."

Fue durante su última visita al Tíbet cuando Padampa conoció al Noble Milarepa. El lugar donde juntos participaron en un concurso de poderes milagrosos es conocido hoy día como Nyingje Drönkhang, "La posada de la Compasión." Este y otros acontecimientos son relatados en la autobiografía de Jetsun Milarepa.

Jamyang Khyentse Wangpo, poseedor de las Siete Transmisiones, fue una emanación de Acharya Kamalashila, alias Padampa Sangye; Jamyang Khyentse Wangpo, además, eligió reaparecer con aquel mágico Cuerpo de Manifestación, como poderoso Maestro de aprendizaje y realización, guía de nuestro mandala, gran estandarte cuyos nombres – que por fuerza debo mencionar aquí – hacen que el mundo entero resplandezca: Dilgo Khyentse Rinpoche, Gyurme Thekchok Tenpa Gyaltsen ("Bandera de la Victoria del Gran Vehiculo Inalterable de la Doctrina"), Jigme Rabsel Dawa ("La Valiente y Brillante Luna"). Él fue quien pronunció este maravilloso comentario, el texto que ha sido compuesto, corregido y traducido al inglés y francés por el grupo de traducción Padmakara, en Francia. Yo me regocijo sinceramente por este trabajo. Resulta de suma importancia que gentes con cualquier tipo de vida, sean budistas o no, lean, estudien y pongan en práctica este excelente texto.

Entre los discípulos de los sublimes Maestros encabezados por el autor de este trabajo, esta recomendación fue escrita por el peor de ellos, el ignorante monje budista Ngawang Chökyi Lodrö, del que se dice es la emanación de Dzarong Trulshik Shadeu. Él eleva esta oración uniendo sus manos, un 8 de Diciembre de 1999, en Tashi Pelbar Ling, Francia. ¡Ojalá aumente la virtud !

Nota del traductor

El renombrado e inspirador poema de Padampa Sangye fue pronunciado en 1987 por Dilgo Khyentse Rinpoche en el monasterio Shechen, en Nepal, a petición de Mathieu Konchog Tendzin en nombre de Kunzang Dorje y otros discípulos.

Inicialmente, Khyentse Rinpoche leía los versos de Padampa Sangye extraidos del texto raíz de la edición Tingri. Más tarde, hizo traer la edición *gdams ngag mdzod,* que consideraba más fiable, y la cambió

Las respectivas ediciones son:

1. rje btsun dam pa sangs rgyas kyis ding ri par zhal chems su stsal pa ding ri brgya rtsa ma, en cien versos: impresión xilográfica en doce ediciones de Tingri Langkhor, en el Tíbet occidental.

2. rgya gar gyi grub thob chen po dam pa rgya gar ram dam pa sangs rgyas zhes pa'i gsung mgur zhal gdams ding ri brgyad cu pa, en ochenta versos, pp. 31-36, vol. 13 de los *gdams ngag mdzod,* completado y editado por Jamgön Kongtrul Lodrö Thaye (publicado por Lama Ngodrup y Serpa Drimey, Paro, 1979, reimpreso por Publicaciones Shechen, Delhi, en el 2000). Las enseñanzas orales de Dilgo Khyentse Rinpoche fueron traducidas al inglés por Mathieu Ricard, y los versos escritos de Padampa Sangye por John Canti, ambos miembros del grupo de traducción Padmakara.

Queremos expresar nuestra gratitud a Lori y Fergus Flanagan, Michael Abrams, Mathew Akester y Judith Amtzis por su ayuda en mejorar la traducción del comentario, a John Canti por su maestría a la hora de revisarlo y a Vivian Kurz por su trabajo en todas las etapas de la publicación.

Introducción

Cuando nos acercamos al estudio de cualquier enseñanza espiritual, debemos hacerlo movidos por el deseo de alcanzar la Iluminación, no solo para nuestra liberación personal sino, también, para ser capaces de liberar a todos los seres vivientes del sufrimiento y sus causas, especialmente la confusión y la ignorancia. Estudiando estas instrucciones y poniéndolas en práctica, vamos a ver cumplida, poco a poco, esta enorme aspiración. Alumbrados por el inmenso valor de estas enseñanzas y conscientes de lo raro que es gozar de una oportunidad así, debemos recibirlas con gran interés y con una actitud humilde y altruista, determinados a hacer total uso de ellas lo mejor que podamos.

Los Cien Versos de Consejos, son el testamento espiritual de un gran sabio de la India, Paramabuda, más conocido por su nombre tibetano, Padampa Sangye. En una de sus vidas pasadas, nació como un cercano discípulo de Buda, quien pronosticó que en un futuro renacimiento, beneficiaría a un incalculable número de seres vivientes.

Así que renació en la persona de Padampa, que significa "padre sublime" en tibetano. Un gran erudito. Estudió con 150 Maestros y puso en práctica sus enseñanzas hasta que se convirtió en un verdadero tesoro de conocimiento. Un yogui consumado. Fue tocado por la gracia de numerosas visiones, y llevó a cabo cuantiosos milagros que dieron fe de su realización espiritual. Finalmente, obtuvo el Cuerpo de Diamante, el cual trasciende la muerte y el renacimiento.

Viajó a China y Tíbet en tres ocasiones para introducir las enseñanzas de la "Pacificación del Sufrimiento," una de las ocho grandes tradiciones del Tíbet todavía vigentes hoy en día[1].

Padampa se quedó una larga temporada en el valle elevado de Tingri, ubicado en la frontera entre Tíbet y Nepal. De entre sus innumerables discípulos, cuatro estuvieron particularmente cerca de su corazón. Un día, uno de esos próximos discípulos regresó a Tingri después de una ausencia prolongada, y se entristeció al ver lo mucho que su Maestro había envejecido. Le preguntó: "Ser sublime, cuando dejes este mundo, tú mismo, sin ninguna duda, irás de bendición en bendición; pero, ¿qué será de nosotros, gentes de Tingri? ¿En quien podremos confiarnos?"

Para Padampa, morir no era más que pasar de una Tierra de Buda a otra. Pero, a sus discípulos, su muerte les privaría de volver a contemplar su rostro y volver a escuchar su voz. "En un año," contestó, "encontraréis aquí mismo el cadáver del ermitaño indio."

Los ojos de sus discípulos se llenaron de lágrimas, y fue por ellos que Padampa pronunció estos *Cien Versos de Consejos.*

Pasó un año, y Padampa empezó a mostrar signos de debilidad. Cuando sus discípulos se preocuparon por su salud, él les dijo lacónicamente: "Mi mente está enferma." Ante su perplejidad, añadió: "Mi mente se ha mezclado con el mundo de los fenómenos". Fue así como demostró que toda percepción dualística había desaparecido de su mente. "No sé como describir este tipo de enfermedad," añadió con un sereno sentido del humor. "La enfermedad del cuerpo se puede tratar, pero esta es irremediable." Entonces, posó su mirada en el cielo y murió.

Estatua de Padampa Sangye

Los versos y el comentario

¡Homenaje al Maestro!
¡Afortunados practicantes reunidos aquí, en Tingri,
  escuchad!

Como preludio de las enseñanzas, Padampa Sangye rinde homenaje al Maestro espiritual, la fuente de toda bendición y personificación de todos los Budas del pasado, presente y futuro. Él considera afortunados a los habitantes de Tingri por su ferviente deseo de estudiar y practicar Dharma, y su talento para darle sentido a sus vidas.

Del mismo modo que la ropa gastada no puede volver
  a ser nueva,
No tiene sentido que acudas al médico una vez estás en
  la fase terminal de tu enfermedad;
Tienes que irte. Nosotros, los humanos que vivimos
  en esta tierra
Somos como afluentes y ríos corriendo hacia el mar.
Todos los seres vivientes somos arrastrados hacia este
  singular destino.

La vida se agota día a día, segundo a segundo, como una pieza de ropa que se vuelve raída con el paso de los años y acaba hecha jirones. Nada ni nadie puede detener este ineluctable proceso. Posesiones ilusorias como tierras o riquezas, son completamente inútiles cuando mueres. Al final, dejándolo todo atrás, morimos solos, somos arrancados de nuestro entorno familiar como una hebra de un terrón de mantequilla[2].

Nuestras vidas no tienen otro final que la muerte, como los ríos no tienen otro final que desembocar en el mar. En el momento de la muerte, nuestro único recurso es la práctica espiritual y nuestros únicos amigos las acciones virtuosas que hayamos acumulado durante nuestra vida.

Como el pajarillo que abandona la rama del árbol,
También yo me iré de aquí en poco tiempo;
    pronto deberé moverme.

Nada es más esencial y precioso que una enseñanza espiritual que nos pueda ayudar en el momento de la muerte. Los Budas y Maestros espirituales nos han transmitido la expresión viviente de su sabiduría en forma de enseñanzas. Dichas enseñanzas, inseparables de aquellos grandes seres, permiten a cualquiera que las tome de corazón, alcanzar su mismo nivel de realización, y proporcionan una constante fuente de inspiración a aquellos que van en busca del camino de la liberación.

1

Si malgastas tu presente de una forma banal
y te vas con las manos vacías,
Pueblo de Tingri, en el futuro será muy difícil
volver a encontrar una vida humana.

Alguna gente siente que no hay prisa por encontrar un Maestro espiritual, y que siempre habrá tiempo en el futuro para practicar Dharma. Con esta actitud, vas a descuidar la práctica espiritual en favor de la persecución de tus preocupaciones comunes.

Cuando llega la época de siembra, los campesinos se afanan en su labor sin demorarse. No posponen sus tareas hasta el día siguiente. Del mismo modo, cuando las condiciones favorables para practicar Dharma se dan, debes concentrarte en practicar sin tardanza.

2

Conságrate a las sagradas enseñanzas
en cuerpo, palabra y mente
Pueblo de Tingri, es lo mejor de cuanto puedas hacer.

A través del infalible proceso de causa y efecto, nuestros actos, nuestras palabras y nuestros pensamientos, determinan la felicidad o el sufrimiento que experimentaremos más adelante. Si el balance de nuestros actos se inclina hacia el lado negativo, sufriremos en los estadios inferiores del samsara. Si se inclina hacia el lado positivo, podremos liberarnos del samsara y obtener la Budeidad en tan solo una vida. La elección es simple: evitar las causas que proporcionan dolor es garantía de felicidad.

Si has nacido como ser humano, en un lugar donde el budismo haya florecido y vas al encuentro de un consumado Maestro espiritual, tendrás la oportunidad de poner en práctica sus instrucciones y obtener inmensos beneficios en esta vida y en todas las que vendrán. Te darás cuenta de que tu obsesión por las distracciones y preocupaciones mundanas, te mantiene prisionero en el samsara y empezarás a sentir un intenso deseo de liberarte.

En este momento, estás en una encrucijada: un camino te lleva a la liberación, el otro, a los diferentes reinos del samsara.

Dice un sutra:

El cuerpo es la barca que puede conducirte a la orilla de
    la liberación,
El cuerpo es la piedra que puede hundirte en los abismos
    del samsara,
El cuerpo es el siervo del vicio y de la virtud.

Igual que el cristal puro puede refractar un color, venga de donde venga, tus actos se convierten en positivos o negativos según sean tus intenciones. Por lo tanto, es esencial que tomes el sendero correcto y rijas tus actos, palabras y pensamientos según el Dharma.

Al principio, necesitarás concentrar todas tus energías en cultivar tendencias positivas y eliminar las negativas. El Brahmin Upagupta, quien vivió en los tiempos de Buda, solía perfeccionar su vigilancia, y medía sus progresos realizando un recuento diario. Cada tarde, hacía dos montoncitos con piedras, utilizando un guijarro negro por cada mal pensamiento o acción que había cometido durante el día y uno blanco por las meritorias. Al principio, el montoncito de guijarros negros era más alto pero, poco a poco, los dos montones se fueron igualando. Con gran perseverancia, consiguió que todas las piedras apiladas fueran blancas.

3

Entrega tu vida, corazón y alma
a las Tres Joyas,
Pueblo de Tingri, y sus bendiciones
no harán más que caer sobre ti.

Una imperturbable confianza en las Tres Joyas y en los Maestros espirituales que las personifican, te convierte en un lago claro y sereno, en cuya superficie se refleja limpiamente la luna de sus bendiciones. Cuando te acompaña la fuerza de una confianza así, tu mente permanece serena e imperturbable, bendecida por la presencia de las Tres Joyas. ¿Qué importancia tiene, entonces, que las circunstancias sean favorables o adversas?

4

Olvida tus metas en esta vida,
concéntrate en las vidas que están por venir,
Pueblo de Tingri , este es el objetivo más elevado.

Sería inútil practicar Dharma solo dentro de la cegada perspectiva de esta vida, teniendo cómo principales objetivos la propia salud, longevidad y confort. En lugar de ello, piensa seriamente en lo que te espera en todas las vidas que están por venir. Y no solo es tu propio futuro el que debes tomar en consideración, sino el de todos los seres. Hagas lo que hagas, es tu intención subyacente la que determina si el resultado será positivo o negativo. Si vas a dominar y transformar tu mente – que, después de todo, es el objetivo del Dharma– es importante que empieces examinando estas intenciones y pensamientos subyacentes. ¿Estás practicando Dharma por tu propio beneficio, o estás pensando en el de los demás?

Nuestra mayor preocupación tiende a ser la búsqueda de la propia felicidad, unida al intento de escapar del sufrimiento. Pero, si tomas un poco de distancia, ves como eres solo uno entre la infinidad de seres vivos, tu sentimiento de individualidad empieza a parecer insignificante en comparación. Así como tú quieres ser feliz, también lo quiere ser el resto de la humanidad. Pero, en su persecución de la felicidad, casi todo lo que hacen les lleva al sufrimiento. Si pudieran seguir y escuchar las profundas enseñanzas del Dharma, entonces, como un ciego que recupera la vista, verían que esa felicidad –velada para unos y otros, en esta vida y en las que tienen que llegar– procede, únicamente, de las acciones positivas. El único modo de escapar del círculo vicioso del sufrimiento y de lograr la felicidad duradera de la Iluminación, es prestar atención e implicarte en realizar acciones positivas y evitar las negativas. De hecho, si tú mismo no has asimilado esta verdad, puedes proclamar a los cuatro vientos que deseas ayudar a los demás, pero tus esfuerzos serán en vano.

Cuando sigues las enseñanzas y las pones en práctica, es muy importante que no lo hagas movido por el deseo de ser respetado o recompensado por tus grandes progresos, sino con el pensamiento: "alcanzaré la Iluminación y seré capaz de transmitir estas enseñanzas a todos los seres y les conduciré hasta la Budeidad."

Si tu mente está orientada hacia este tipo de meritorios objetivos, ten la seguridad de que las palabras que digas y las acciones que lleves a cabo, como los sirvientes a la zaga de sus amos, van a ir en la misma dirección con total naturalidad. Pero si tu mente está distraída y llena de apegos, animosidad e ignorancia, entonces, aunque recites millones de mantras y ofrezcas miles de postraciones, será como ingerir comida sabrosa aliñada con veneno. Este no es el camino para progresar hacia la Budeidad.

Intenta mantener tus pensamientos perfectamente puros en todas las circunstancias, para que así, incluso el más insignificante de tus actos, preserve su energía positiva hasta que alcances la Iluminación. Una gota de agua que cae en el océano durará tanto como el propio océano.

5

La familia es algo tan pasajero
como la multitud en día de mercado;
Pueblo de Tingri , no riñas ni pelees.

Los lazos familiares son tan efímeros como un encuentro casual en el mercado. En el curso de mi larga vida, he sido testigo, más de una vez, de conflictos entre maridos y esposas, hijos y padres. En las grandes familias, a menudo, se producen situaciones de fuertes odios y apegos, que fácilmente derivan en disputas y resentimientos. Cuando soplan vientos tormentosos en una familia, las tensiones que han provocado una hostilidad momentánea, o pensamientos posesivos, pueden acabar conduciendo a algunos de sus miembros a matarse los unos a los otros o a cometer suicidio, como si estuvieran poseídos por un demonio

Cuando un hombre y una mujer se han unido por la fuerza de sus karmas, deben intentar vivir en armonía. Las peleas no traen nada bueno —causan grandes dosis de sufrimiento en todos los implicados—. Asume la responsabilidad de ser agradable con todos los miembros de tu familia e intenta dirigir sus mentes, poco a poco, hacia el Dharma, a través de la amabilidad y siendo un buen ejemplo.

Un gran número de monjes y monjas viven en comunidad en los monasterios. Es esencial que se sientan unidos y mantengan una excelente disciplina. Las comunidades monásticas en armonía son el fundamento del Dharma.

Ocurre lo mismo en el trato entre un Maestro y su discípulo. Si los estudiantes son capaces de mantener una perfecta y pura relación con su maestro (estos lazos espirituales se llaman *samaya* en sánscrito), no tropezarán con ningún obstáculo que se interponga en su camino.

Muchos de nosotros hemos cruzado el umbral del Vehículo del Diamante y hemos recibido iniciaciones del mismo

Maestro espiritual, en el corazón del mismo mandala. De este modo, nos hemos convertido en hermanos y hermanas espirituales y cualquier desacuerdo o altercado que surja entre nosotros es un grave error. Se dice que si se desata una disputa entre los participantes de la gran ceremonia Vajrayana llamada *drupchen,* en ese mismo instante, todo el largo ritual se echa a perder, como si una rata cayera dentro de una batidora de leche: toda la leche se vuelve imbebible.

6

Las riquezas y las propiedades,
como un espectáculo de magia,
solo seducen y engañan;
Pueblo de Tingri, no te dejes amarrar
por el nudo de la avaricia.

Riquezas formidables, buenas ropas y exquisitos manjares, aunque tengas todo lo que siempre has deseado, no hay modo de que estas posesiones perduren siempre. Todo lo que se acumula, inevitablemente, se agota algún día. Cualquier propiedad y bien que atesores, tarde o temprano lo perderás. El poder y las altas posiciones no son una excepción, todo lo que sube baja. Nadie ha conseguido mantener para siempre el mismo status. Todos los grupos, también, acabarán separándose; cien mil personas se reúnen solo para separarse unas horas más tarde. La vida en sí, es transitoria y el nacimiento, no tiene otro final que la muerte. ¿Ha vivido jamás un solo ser que estuviera a salvo de la muerte?

Aquel que ha conseguido amasar una gran fortuna, puede echar una ojeada a sus lucros con satisfacción, incluso con orgullo y afirmar "soy un hombre rico." Pero hará bien en reflexionar en el hecho de que, quizá, su riqueza es fruto de la mentira, el engaño y el sacar provecho de los intereses ajenos —acciones negativas que, a largo plazo, solo pueden engendrar sufrimiento.

No hay nada intrínsecamente malo en la riqueza, si es cosechada honestamente y manejada con fines constructivos. Puede ser utilizada para aliviar la pobreza, para hacer ofrendas a la Tres Joyas, para sostener a la comunidad monástica y a la gente necesitada. Aquellos que se vean favorecidos por la generosidad de los benefactores, deben utilizar el sostén que reciban sin ninguna codicia, con el único objetivo de proseguir con sus prácticas espirituales. Donante y receptor estarán libres de apegos y considerarán sus "posesiones" como regalos ilusorios recibidos en un sueño. Como la riqueza, en sí misma, no tiene una existencia real desde un punto de vista último, el mérito que puedes acumular utilizándola con generosidad es también irreal e insustancial. Sin embargo, adolecer de cualquier apego por los fenómenos puede llevarte a la Budeidad.

Si caes bajo el influjo la avaricia, tus manos estarán atadas y tu mente, obtusa. No pierdes tan solo la capacidad para dar, sino que detestas incluso la generosidad de los demás. Esta actitud crea las condiciones necesarias para renacer entre los *pretas*, espíritus constantemente torturados por el hambre y la sed.

El intenso apego puede llevarte a experimentar terribles sufrimientos en los reinos infernales. En los tiempos del Buda, había un monje que poseía un hermoso cuenco para pedir limosna al que estaba tremendamente aferrado. Cuando murió, incluso antes de que su cuerpo fuese incinerado, renació bajo la forma de una serpiente venenosa. Nada más nacer, la serpiente se introdujo en el cuenco del monje, enroscándose en su interior y silbando de forma amenazadora a cuantos se acercaban. El Buda fue informado de ese incidente, y paso a explicar de dónde procedía la serpiente. Con palabras que referían la verdad[3], el Buda exhortó a la serpiente a que abandonara sus conceptos negativos. De pronto, la criatura salto del cuenco y salio huyendo hacia el bosque. Sin embargo, su apego y su odio eran tan fuertes que de su boca brotó una llamarada de fuego. Murió, y renació instantáneamente en los fuegos del infierno. En el mismo instante, la pira funeraria del antiguo monje, empezó a arder iluminando como si de tres fuegos se tratara. Aquél desafortunado monje sería recordado como "El Que Fue Quemado Tres Veces."

Los terribles retortijones de hambre y sed experimentados por los *pretas* pueden aliviarse ofreciendo *tormas*[4] de agua por la mañana y el humo de comida quemada por la tarde, especialmente, si estos ofrecimientos se hacen con gran compasión.

El amor y el no-apego son las bases de la verdadera generosidad. Debemos ser generosos y dar tanto como podamos a quienes lo necesitan.

7

Éste cuerpo no es más que un saco
que contiene varias clases de inmundicias;
Pueblo de Tingri , no lo mimes ni lo acicales tanto.

Soy la mejor de cuantas están a mi alrededor –puede pensar una mujer guapa– soy capaz de atraer y encandilar a quien yo quiera. Pero, en realidad, su precioso cuerpo solo es sangre, grasa, músculo, huesos y excremento. ¡No tiene nada de bueno o agradable! El cuerpo humano es como un vaso de fina porcelana lleno de excrementos. Ábrelo en canal y sentirás verdaderas náuseas.

Qué pérdida de tiempo es cuidar tanto este cuerpo, alimentarlo con suculentas comidas, vestirlo con ropas a la última e intentar que parezca más joven de lo que realmente es. El cuerpo no tiene otro destino que el cementerio donde será quemado, enterrado, o entregado a los pájaros.

Empujados por los más vanidosos sentimientos, nos implicamos en negocios y competimos con nuestros rivales sin dudar a la hora de mentir o de hacer trampas, añadiendo al peso de nuestras acciones negativas estos inútiles objetivos. Tampoco así estaremos satisfechos finalmente. Nunca somos lo suficientemente ricos, nuestra comida no es lo suficientemente buena y nuestros placeres nunca parecen ser suficientemente intensos.

¿Qué mas necesitas si tienes la comida y ropa necesarias para sostener tu vida y protegerte de los elementos? Nuestros Maestros espirituales se contentarían con eso. Nunca han deseado ropas ostentosas ni refinadas comidas caras; ellos se ríen del lujo y de la fama.

La importancia que de ordinario le damos a nuestro cuerpo, es apenas meritoria. Pero como herramienta para practicar el Dharma, su valor es inestimable. Desafortunadamente, es una herramienta de la que nos podemos valer durante poco tiempo –hasta que morimos–. En lugar de darle todo el placer y comodidad que podamos, debemos darle un buen uso, para progresar hacia la Iluminación.

Si no puedes liberarte a ti mismo del hecho de estar tan obsesionado por tu cuerpo, tu apego y emociones negativas solo pueden incrementarse. Considera el cuerpo como una ilusión, una forma en un sueño. Dale los cuidados necesarios para que goce de buena salud y dedica toda tu atención a la práctica espiritual. De este modo, un día serás como los Bodhisatvas, ellos no se sienten, en absoluto, apegados a sus cuerpos y siempre están listos para entregar sus miembros, sus ojos, incluso sus vidas, si con ello pueden beneficiar a los demás.

8

La familia y los amigos
no son más reales que un espectáculo de magia;
Pueblo de Tingri, no te encadenes
corriendo en su busca.

El simple hecho de ver a nuestros amigos y a nuestra familia, nos hace felices. Cuando escuchamos el llanto de nuestro retoño, la ansiedad se adueña de nosotros. Tales sentimientos dominan nuestra mente y la apartan del camino. A lo largo de nuestra vida, nos apoyamos en aquellos que están cerca de nosotros y tememos su muerte tanto como la nuestra misma. De vez en cuando, deberíamos pensar en adentrarnos en las montañas para dedicarnos completamente a la práctica del Dharma, en un retiro solitario; pero luego dudamos pensando "¿Quién cuidará de mi familia, de mis negocios, de mis campos?" y seguimos posponiendo cualquier decisión de este tipo. Incluso cuando se acerca nuestro último aliento, nuestra mente sigue demasiado obsesionada con nuestros seres queridos para poder encarar nuestra propia muerte con serenidad y rezar para renacer en una Tierra de Buda.

La mejor forma de reafirmar tu determinación es considerar a los tuyos y a tus posesiones, así como todo lo demás en este mundo, como si fueran un espectáculo de magia, carentes de una existencia verdadera o sustancial. Un mago sabe que los pájaros o caballos que él ha conjurado, no son más que apariciones sin ningún realismo, así que no siente ningún apego por ellos, aunque puede seguir relacionándose con ellos y disfrutar de su presencia.

Muchos de nosotros gozamos de una vida familiar. En general, los miembros de una familia permanecen juntos toda una vida, a menudo mucho menos que eso. Mientras ese fugaz momento de unión perdure, debemos intentar vivir en armonía con cada uno de ellos, sin dejar de observar el Dharma tanto como podamos. Noche y día, dejemos que nuestras mentes se vuelquen hacia la bondad, el amor y la compasión. Hacer una sola postración, decir una simple oración, o contemplar la naturaleza de la mente por un instante, son semillas que nos conducirán a la Iluminación. Estar unidos en esta vida como hombre y mujer, como padres e hijos, es el resultado de acciones pasadas en un karma compartido. Este es el motivo por el cual debemos evitar a toda costa, las peleas y tratar de vivir en armonía.

Y aquellos de vosotros que seáis capaces de renunciar a un estilo de vida familiar por una vida monástica, debéis rezar para que, una vez obtengáis la Iluminación, vuestros amigos y aquellos que están cerca de vuestro corazón sean los primeros discípulos que guiéis en el camino a la liberación.

9

El país y la tierra son como los pastos de un nómada;
Pueblo de Tingri, no te aferres
sentimentalmente a ellos.

Llamamos patria al país donde nacemos. En verdad, no existe un lugar en los seis reinos del samsara que no sea nuestra patria, ya que hemos nacido infinidad de veces, en distintos lugares. Como los nómadas cambian de campamento cada temporada, nosotros cambiamos nuestra tierra natal con cada renacimiento. ¿Qué sentido tiene sentirse aferrado a un país o a otro?

10

Como tus padres, todos los seres de los seis reinos
han cuidado de ti;
Pueblo de Tingri, no te relaciones con ellos
con tus ideas del "Yo" y lo "Mío".

Compartimos con todos los seres la tierra paterna de los Seis Reinos (*ver nota 5*). En un punto o en otro, a lo largo de todas tus infinitas vidas pasadas, cada ser humano ha sido tu madre, tu padre, tu amigo o tu enemigo. Por lo tanto, ¿qué sentido tiene discriminar entre amigos a los que aprecias y enemigos de los cuales te quieres deshacer ahora mismo? Dentro de los estrechos confines de esta vida presente, estos rígidos y limitados conceptos de amistad y rechazo alimentan un torrente de apegos y odios que oscurecen tu mente.

Atrancándonos en los conceptos del "yo" y lo "mío" y obedeciendo ciegamente a las sensaciones de atracción y rechazo que producen dichos conceptos, acumulamos karma negativo. ¡Dejemos de actuar de este modo!

11

El mismo día de tu nacimiento,
la muerte ya empezó a acercarse;
Pueblo de Tingri , recuerda,
no hay tiempo que perder.

El nacimiento de un bebé es considerado el más jovial de los acontecimientos. Sin embargo, a partir de entonces, ya nada puede detener su implacable curso hacia la muerte. Tome la dirección que tome su vida, no hay ningún modo de que esté a salvo de la muerte. El proverbio dice: "Mientras el sol avanza hacia el ocaso, las sombras de las montañas del oeste se acercan más que nunca; del mismo modo, mientras la vida sigue su curso, la sombra de la muerte se aproxima cada vez más."

El chico, creciendo hacía su adolescencia, cree que tiene tiempo de sobra. ¡Qué gran error! No tiene sentido dejar continuamente las cosas para más tarde. La hora de la muerte puede sacudirnos en cualquier momento. Con cada aliento damos un paso más hacia la muerte, como un animal avanzando hacía el matadero.

Tu vida presente es solo una; las vidas futuras son innumerables. No sacrifiques muchas vidas solo persiguiendo el ilusorio bienestar de esta vida presente. Si pospones un día tras otro la práctica del Dharma, lo lamentarás amargamente —pero será demasiado tarde, en el momento de la muerte—. ¿Puede una persona moribunda empezar a practicar? Justo ahora es el momento adecuado para dedicarte a la práctica espiritual. La experiencia que te proporciona la práctica es lo único que te ayudará a la hora de la muerte.

12

Fundamentalmente, no hay engaño,
es un acontecimiento efímero,
Pueblo de Tingri, considera la naturaleza
de lo que lo produce.

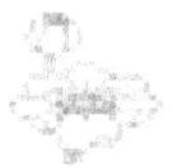

Por más que laves o frotes un pedazo de carbón, nunca conseguirás blanquearlo. Podemos imaginar que la ignorancia forma parte de nuestra naturaleza intrínseca, como la negrura es parte del carbón. Aunque, de ser así, la ignorancia y el engaño serían imposibles de eliminar. De hecho, la ignorancia y el engaño no tienen una existencia verdadera, por lo cual, no pueden alterar de ninguna manera nuestra naturaleza intrínseca, la naturaleza de Buda. Es fundamentalmente tan pura e inalterable como el oro. Quizá pueda quedar oculta por un tiempo a causa de la ignorancia, pero su esencia no cambia.

La ignorancia adquiere forma temporalmente, bajo ciertas condiciones, como una nube en el cielo. Por un tiempo, una nube forma una imponente masa blanca que oscurece el brillo del sol. Pero si volamos hacia esa nube y la penetramos, vemos que es impalpable. No ha existido antes, y acabará desvaneciéndose en el fino aire. Mientras que el sol, nunca ha cambiado ni ha sido alterado por la nube.

Los velos que crean la ignorancia son eventuales, efímeros e incomprensibles. No perturban o afectan nuestra primordial naturaleza y no son parte de ella. La ignorancia, la raíz de todo engaño, atrae a los seres hacía el samsara. Pero, por sólida que parezca, nunca ha tenido más realidad que la que tiene un átomo. Hasta que no ha nacido, no puede existir, y mucho menos, dejar de existir. Cuando la realización del vacío disipa el velo de la ignorancia, las cualidades naturales de la Budeidad son reveladas. El sol, que nunca ha dejado de brillar, aparece tan pronto como el viento barre las nubes.

13

Sin distracción, aplícate en el sagrado Dharma;
Pueblo de Tingri, después de la muerte,
te guiará por el camino.

El florecimiento de la juventud nos colma con salud y fuerza y eso nos impulsa a querer vivir la vida intensamente. Con un cumplido entusiasmo hacemos todo lo posible por incrementar nuestra fortuna y nuestro poder. Para algunos, perseguir sus objetivos implica dañar a otros para conseguirlos. Sin embargo, en el momento de la muerte nos damos cuenta de la futilidad de esas preocupaciones y diligencias febriles. Pero entonces, es demasiado tarde para retroceder.

La belleza no puede conquistar a la muerte a través de la seducción, la riqueza no puede tampoco sobornarla, y la más colosal de las fuerzas o poder no pueden obligarla a esperar ni siquiera un instante. El jefe de estado más poderoso debe obedecer inmediatamente a la llamada de la muerte. La muerte desarmará al general, sin tener en cuenta el destructivo arsenal de que dispone. Solo la experiencia espiritual adquirida en el curso de nuestras vidas nos puede ayudar en el momento de la muerte.

¡Rápido! Vayamos a practicar antes que el peso de los años arrase con nuestras facultades físicas y mentales. Demos la espalda al engaño y a las distracciones infantiles de la vida ordinaria y dediquémonos a practicar el Dharma. Entonces, en el momento de la muerte, como dijo el inigualable Gampopa: "En el mejor de los casos, experimentaremos la naturaleza absoluta, el *dharmakaya (ver nota 9)*. En un caso medio renaceremos en una Tierra de Buda, nos cubriremos de gloria, como un hijo regresando a su hogar. En el peor de los casos, no habremos de lamentarnos porque habremos encontrado un Maestro espiritual y practicado según sus instrucciones." Preparémonos a partir de este mismo instante, y en el momento de la muerte seremos capaces de aplicar las enseñanzas que hemos recibido.

14

La verdad de la causa y el efecto
establece que las acciones producen plenos resultados;
Pueblo de Tingri, evita cualquier acto
negativo o malvado.

Si morir significara, simplemente, desaparecer como el agua absorbida por un suelo reseco o como una llama al extinguirse, podríamos tomarnos la muerte bastante a la ligera. Pero este no es el caso. Abandonamos nuestro cuerpo; pero conservamos nuestra mente, que viaja hacia el estado de transición entre la vida y la muerte llamado *bardo*[5].

En este estado, donde no tenemos un cuerpo material, no podemos utilizar nuestros cinco sentidos del modo acostumbrado. La muerte nos ha arrancado de la compañía de nuestra familia y amigos como una hebra es arrancada de un terrón de mantequilla[6]. Pero hay una cosa que nos hemos llevado y que permanece con nosotros, tan cerca como la propia sombra —las acciones que hemos llevado a cabo en el pasado—. Si pesan más las acciones negativas, no vamos a poder escapar de los tormentos en el reino más infame del samsara. De lo contrario, si las acciones positivas predominan, vamos a renacer en un estado de existencia superior y podremos continuar progresando hacia la liberación. Mientras nuestra mente viaja a través de la inamovible experiencia del bardo, no podemos elegir según nuestros deseos ni tomarnos nuestro tiempo para decidir que dirección tomar. No hay salida. Como una pluma a merced del viento, seremos conducidos por la fuerza de nuestras acciones pasadas, arrastrados por los soldados de la muerte. No habrá ni un momento para tomar un respiro y buscar la salida. No podemos permanecer en ningún sitio ni tampoco abandonarlo. Zarandeado en todas direcciones, nuestro cuerpo mental no nos obedece.

Es crucial comprender y adoptar la convicción que las leyes de causa y efecto gobiernan el universo y a todos los seres. Milarepa explicó que si fue capaz de dedicarse totalmente al Dharma y alcanzar la Iluminación en una sola vida, fue debido al convencimiento irrevocable que tuvo en la ley del karma. Cada acción, indefectiblemente, tiene un resultado. Los trazos de nuestras acciones positivas o perjudiciales, moran en el sustrato de nuestra conciencia. Solo hay dos modos de borrar el trazo dejado por un acto dañino: atravesar la experiencia del sufrimiento, que es su consecuencia natural, o purificándolo con el antídoto apropiado antes de que aparezcan sus terribles efectos.

Cuando el Maestro espiritual nos dice que todas nuestras acciones positivas o negativas causarán sus inevitables consecuencias, oímos sus palabras; pero, realmente, no estamos del todo convencidos. Si lo estuviéramos, no nos atreveríamos a cargar ni con la menor de las acciones negativas y le concederíamos mucha mayor importancia a implicarnos en acciones positivas, incluso las más insignificantes. ¿Acaso no le damos valor a una pepita de oro, por pequeña que sea?

15

Deja atrás tus actividades,
como si fueran un país que has visitado en sueños;
Pueblo de Tingri, simplemente,
pon en práctica la no-acción.

Las diferentes actividades de la vida cotidiana, se preceden unas a otras, como las olas del mar. Los ricos nunca creen tener dinero suficiente; los poderosos, siempre ansían más poder. Piensa en ello: la mejor manera de satisfacer todos tus deseos y consumar tus proyectos es abandonarlos.

Un ser realizado ve las preocupaciones de la gente común como los eventos acontecidos en un sueño, los ve con los ojos del anciano que contempla el juego de unos niños. Anoche igual soñaste que eras un gran rey pero, al despertar, ¿que quedaba de él? Lo que experimentas cuando estás despierto, es apenas más real que eso. En lugar de perseguir quimeras equívocas, deja que tu mente descanse en la serena contemplación, libre de agitación y distracciones mentales, hasta que la visión del vacío se convierta en una parte integral de tu experiencia.

16

Deshazte de todo aquello
por lo que te sientes más atraído;
Pueblo de Tingri , no necesitas nada.

Piensa en cualquier persona, objeto o situación hacía la cual tengas un fuerte sentimiento de apego o posesión e intenta mirar objetivamente la belleza, poder o riqueza a la que estás tan aferrado. Examina cada caso hasta llegar a su origen. ¿No te parecen ilusiones? Cuando miras las cosas de ese modo, tus apegos disminuyen y no sientes esa necesidad imperiosa de poseerlas. Si adoptas la actitud de "No necesito nada", tu estado mental será naturalmente libre y sereno.

Por otro lado, si vives y mueres en un estado de profundo apego, tu presente existencia y las vidas que vendrán serán tormentosas. Alguien que muere con una fuerte preocupación por las posesiones que deja atrás, se convierte en un espíritu torturado por la avaricia.

Los grandes santos y practicantes del pasado se contentaban con tener suficiente comida para sobrevivir y ropa suficiente para no pasar frío. Y, sin embargo, eran los más ricos ya que la verdadera riqueza la poseen aquellos que saben como contentarse con lo que tienen. Kayak Gomchung, un gran meditador Kadampa, vivió en una cueva del Tíbet. Un arbusto de espinas blancas obstruía la entrada y cada vez que salía o entraba, le arrancaba un pedazo de su ropa. A menudo se planteaba cortar el arbusto, pero entonces, el pensamiento de la muerte acudía a su mente y pensaba; "¿Quién sabe cuando moriré? El tiempo que me llevará deshacerme de ese arbusto es mejor pasarlo meditando." Con el poder de su meditación, Kayak Gomchung fue capaz de volar y llevar a cabo todo tipo de milagros. Y cuando murió, el arbusto todavía estaba allí.

Si un practicante así no se permitía malgastar ni un solo instante, ¿cómo podemos desperdiciar la mayor parte de nuestro tiempo de vida en actividades comunes, sabiendo cuánto nos queda todavía por conseguir en el camino espiritual?

17

Puesto que no vas a permanecer en este mundo
para siempre,
Pueblo de Tingri, haz ahora tus preparativos
para el viaje.

¿Quién de nosotros no ha pensado en construir una casa donde poder vivir durante décadas y que perdure muchos siglos después de que nos hayamos ido? ¿Quién no ha soñado con hacer una fortuna y ser libre de toda preocupación para el resto de su vida? Este "demonio de la eternidad" nos seduce para que creamos que las cosas pueden conservarse para siempre.

Pero creer que cualquier cosa o cualquier persona puede ser nuestra para siempre, es algo que nos va a decepcionar. Que trágico es ver a alguien en su lecho de muerte, tan angustiado con el pensamiento de dejar a sus seres queridos atrás, tan preocupado por sus posesiones y con su testamento –que en verdad, no es más que una pequeña lista de sus apegos– pero tan ciego delante de lo que le espera, que va a ser tormentoso si descuida aquellas cosas verdaderamente significativas. Y, en contraste, qué inspirador resulta escuchar o encontrarse con aquellos auténticos y sabios practicantes que piensan que nada les pertenece, ni siquiera sus cuerpos, y mucho menos objetos materiales o lugares donde vivieron. Sean cuales sean las posesiones de que gozan, las ven como irreales e ilusorias, como un préstamo provisional.

Nos espera un gran viaje para traspasar los seis reinos del samsara. Debemos acercarnos al Dharma como un marinero hace meticulosos preparativos para viajar alrededor del mundo, y prepararnos nosotros mismos para nuestro largo viaje a través de la muerte y el renacimiento.

18

Si antes tienes que acabar tus tareas pendientes,
nunca llegarás al Dharma;
Pueblo de Tingri, en lugar de pensar en ello,
ponte a practicar de inmediato.

Las actividades de la vida ordinaria son infinitas, como las ondas del agua en la superficie de un lago. Quizá penséis que lograréis ultimar todos vuestros proyectos durante los próximos diez o veinte años y que después podréis practicar Dharma y cultivar vuestra mente, plácidamente. Pero, ignoráis la fragilidad de la vida. ¿No habéis visto cuantiosísima gente joven morir de modo inesperado? Es insensato suponer que nada de esto os puede pasar.

Si el pensamiento de practicar Dharma aflora, no dudéis ni un solo instante. No lo dejéis para mañana. El momento es ahora. El agricultor no espera a que la helada endurezca el suelo antes de sembrar sus campos. Lo hace cuando el suelo está templado y húmedo. Tan pronto como conozcáis un Maestro espiritual cualificado y hayáis recibido sus instrucciones, estaréis listos para emprender el camino del despertar.

19

Internados en el bosque,
puede que los monos vivan felices y contentos pero,
Pueblo de Tingri, los fuegos que rodean la selva
se van acercando.

Los fuegos pueden rodear un bosque, pero en lo profundo de la selva, los monos saltan de rama a rama, despreocupados, disfrutando de deliciosas frutas. No saben que pronto serán calcinados por las llamas que les circundan. Igualmente, el orgulloso, el poderoso y el rico, se divierte en la vida inconsciente de que la muerte le puede tender una emboscada y segar su existencia. Reflexionad en lo que realmente cuenta en el instante de la muerte y seguid el camino a la Iluminación, es la única manera inteligente de utilizar vuestra vida.

20

Nacimiento, enfermedad, vejez y muerte,
son un río que fluye sin pasos ni puentes;
Pueblo de Tingri, ¿Has preparado ya tu barca?

Nacimiento, enfermedad, vejez y muerte, son los cuatro grandes tormentos de la humanidad. El nacimiento es el umbral de la vida y también el del sufrimiento. Pronto, la edad deteriorará nuestra salud, debilitará nuestros sentidos, hará que se nos caigan los dientes y que el pelo se vuelva cano. La pérdida de memoria nos volverá más intratables; nadie quiere escuchar a un viejo cascarrabias. La ansiedad no dejará de atormentarnos: ¿Qué será de nuestras posesiones y de nuestros negocios? Nos preocupa que nuestros hijos vayan a abandonar todo lo que hemos construido. La enfermedad, también, se convierte en motivo de angustias. Marchitos y agotados, finalmente, tendremos que afrontar la agonía de la muerte.

Estas cuatro grandes pruebas conforman un tumultuoso río que todos nosotros debemos cruzar. ¿No sería mejor empezar a preparar el navío que nos permita alcanzar la otra orilla?

21

En los estrechos desfiladeros
del nacimiento, la muerte y el estado intermedio,
acechan los bandidos —las cinco emociones más venenosas—
para tenderte una emboscada;
Pueblo de Tingri, aprovecha la compañía del Maestro
mientras puedas.

Viajar por los caminos que atraviesan regiones plagadas de bandidos, es una experiencia temible cargada de peligros. El camino espiritual también nos conduce por desfiladeros difíciles y peligrosos, y cualquiera que emprenda el arduo viaje hacia la Iluminación, se encontrará tremendos obstáculos, especialmente el deseo, la ira, la confusión, el orgullo y la envidia. Debes hacer lo que puedas para evitar la emboscada que te tiende el deseo, con el único objeto de hacerte reaccionar con una ira que te dominará en la siguiente encrucijada de tu camino. Y, aún escapando de este peligro, va a ser muy fácil que caigas en las garras del orgullo y la envidia. Las cinco emociones venenosas son despiadadas merodeadoras que no van a dudar ni un solo instante a la hora de apartarte de la oportunidad de alcanzar tu destino, ser libre del samsara. Para atravesar estos peligros, necesitarás una compañía extremadamente fiable. Esta compañía es la del Maestro espiritual. Solo con su orientación podrás llegar sano y salvo. Puesto que hay mucho en juego, empieza eligiendo a un verdadero Maestro espiritual cualificado. Una vez hayas establecido cierta confianza con el Maestro, escucha sus consejos. Y en conclusión, aprende como ponerlos en práctica. Si puedes seguir estas tres fases como es debido, progresarás velozmente y sin obstáculos. Gracias a la amabilidad y la sabiduría del Maestro espiritual, todo el Dharma estará a tu disposición, listo como la comida magníficamente presentada en la parada un mercado. ¿No sería absurdo por tu parte desperdiciar esta oportunidad?

Si confías en un auténtico Maestro espiritual, tendrás una práctica para aplicar cuando seas viejo, otra cuando estés enfermo y otra en el umbral de la muerte. Estarás preparado para enfrentarte a la vida y la muerte con absoluta confianza.

22

La fuente de refugio que nunca falla
es el Maestro,
Pueblo de Tingri, llévalo siempre
en la coronilla de tu cabeza.

No importa bajo qué circunstancias, la amabilidad compasiva del Maestro espiritual nunca te abandonará. Si depositas tu confianza en el Maestro, él te guiará hasta la Iluminación. Cuanto más fuerte sea tu confianza, más rápido se va a acrecentar tu desarrollo espiritual; y si puedes ver a tu Maestro como el Buda en persona, tu progreso en el camino será muy rápido.

¿Cómo debes seguir a un Maestro? Sirviéndole con tu cuerpo, tu habla y tu mente, hacerlo es más importante que cualquier ofrecimiento material. Y, sobre todo, debes devolver la amabilidad del Maestro poniendo en práctica sus enseñanzas con gran voluntad.

¿Cómo emprendes el camino? Primero recibiendo instrucciones del Maestro, asegurándote que has entendido su significado y, finalmente, integrándolas a tu ser.

¿Cómo debes practicar estas instrucciones? Sé como un yak hambriento, concentrado en devorar un matojo de hierba pero con los ojos ya puestos en el siguiente pasto. Practica con gozo y entusiasmo y nunca caigas en la pereza o en la apatía. Especialmente, nunca pienses, "Ya tengo bastante." Algunos empiezan a estar orgullosos de si mismos después de haber ofrecido miles de postraciones y recitado unos cientos de miles de mantras, aunque no dudan ni un instante en matar insectos, satisfacer sus caprichos y alimentar sus tendencias negativas, que no deben ser pocas. Grave error. Es por esto que necesitamos ser guiados por un Maestro espiritual como un niño necesita el consejo de sus padres.

Intenta trasladar todas tus experiencias al contexto de devoción hacia el Maestro. Si puedes comprender este punto vital de la práctica, no tendrás obstáculos. Si tu situación es fácil y placentera, observa tu felicidad sin ningún apego, como la bendición del Maestro, y como un sueño, una ilusión. Y si pasas por dificultades y sufrimientos, obsérvalos también como las bendiciones de tu Maestro. Si caes enfermo, visualiza a tu Maestro espiritual en el lugar de tu cuerpo donde te duele o donde se origina tu enfermedad. Reconoce que la enfermedad y el dolor te ofrecen una oportunidad para purificarte a ti mismo de las acciones dañinas que llevaste a cabo en el pasado, y de la ignorancia que es la fuente del sufrimiento. Ten en mente a tantos otros seres que están sufriendo como tú, y reza para que tu dolor absorba el suyo y sean liberados de todo pesar. De este modo, la enfermedad nos puede acercar a la compasión.

23

Si tu protección es el Maestro,
vas a alcanzar cualquier propósito al que aspires;
Pueblo de Tingri, cultiva la devoción
como si fuera el precio que pagas por tu viaje.

El Maestro espiritual es como la tierra, nunca se hunde bajo tus pies. El Maestro espiritual nos guía hacia la Iluminación sin decepcionarnos. Suspendido en el aire, un avión puede llevarnos veloz hasta donde no podemos llegar a pie. Llevados por nuestra devoción, las bendiciones del Maestro nos acercan rápidamente a la realización.

Uno de los significados de la palabra *dharma* es "aquello que nos sostiene." Sostiene y guía a quienes depositan su confianza en él. Una persona a la que arrastra la rápida corriente de un río, puede ser rescatada por una mano firme que la lleve hacia la orilla. Del mismo modo, el arpón del Maestro puede tirar de nosotros y llevarnos fuera de la rueda de muertes y renacimientos, en tanto en cuanto seamos capaces de agarrarnos a él con la anilla de nuestra fe.

Ningún estudiante, en cualquiera de los niveles de la enseñanza budista, desde el Vehículo Fundamental hasta la Gran Perfección, puede seguir avanzando sin la orientación que le proporciona un auténtico Maestro espiritual. La mejor manera de progresar y evitar todos los estorbos potenciales y los giros desafortunados que nos podamos encontrar, es poniendo nuestra confianza en un Maestro. Así pues, en nuestro viaje hacia la Iluminación, es trascendente la devoción —es a lo que debemos consagrarnos para alcanzar nuestro destino.

24

Los que se hacen ricos,
también se arruinan;
Pueblo de Tingri, da generosamente y sé ecuánime.

Se dice que "cuanto más rico se hace uno, más aumenta su avaricia" y este dicho, a menudo es cierto. La avaricia te hace infeliz. Te expone a renacer bajo la forma de un espíritu torturado. En lugar de guardar tesoros inútiles, utiliza tu riqueza de manera constructiva. Sé generoso con aquellos que lo necesiten, construye estupas y haz ofrecimientos a las Tres Joyas. Cuanto más generoso seas, más aumentará tu prosperidad.

La generosidad siempre debe ponerse en práctica equitativamente hacia todos –los pobres, los enfermos, los ancianos, el viajero que viene de un lugar lejano– sin discriminación alguna entre amigos y extraños, entre aquellos con los que contamos y con aquellos de quienes no esperamos nada. Cuando des, huye de toda ostentación y de cualquier expectativa de recompensa.

25

El que ostenta la autoridad,
también actúa de forma pecaminosa;
Pueblo de Tingri, abandona toda ambición
por el rango y el poder.

Para imponer su autoridad, los jefes de estado, a menudo, incurren en actos perjudiciales. Son los responsables de las ofensivas perpetradas bajo sus órdenes y cosecharán los resultados de las mismas. El líder de un ejército, en última instancia, experimentará el resultado creado por cada muerte a manos de los soldados bajo su mando.

¿Cuál es el beneficio de un poder erigido sobre la base de fechorías? ¿Por qué esta sed de poder y de riqueza, sed por un alto rango y posición social, cuando éstos solo conducen al sufrimiento? El único poder que no te defraudará, es el que te infunde el estado del despertar.

26

Los que ostentan rango y riqueza
nunca se sienten felices y confiados;
Pueblo de Tingri, prepárate para sentir en tu pecho
la opresión de la angustia.

Nadie está más agitado y ansioso que la persona que piensa que el dinero lo es todo. "¿Cómo puedo conseguir amasar una fortuna? Y luego, ¿cómo voy a poder mantenerla?" Vive con un constante miedo a los ladrones, competidores y catástrofes. Si acaba perdiendo su fortuna, siente como si le arrancaran la piel a tiras.

Observad cómo algunos se afanan noche y día en sus negocios o sus carreras profesionales, desgastándose en la persecución del éxito y siempre batallando por prevenir contratiempos. Sospechan de todo el mundo, y se pasan la vida intentando aprovecharse de sus inferiores, superar a sus iguales y derrocar a los que están por encima de ellos. Apenas disfrutan de un momento sin problemas, displicentes.

¡Que gozo más simple es carecer de poder o posición en la sociedad, no tener nada que perder ni nada que temer!

No cohibáis vuestra mente con pensamientos inútiles. ¿Qué nos aporta de bueno dar vueltas sobre el pasado o inquietarnos por el futuro? Morar en la simplicidad del momento presente. Vivir en armonía con el Dharma. Haz que estos conceptos sean el eje central de tu vida y goza la experiencia. Sé dueño de tu destino.

27

En tu mundo futuro, no habrá familia ni amigos;
Pueblo de Tingri, deposita tu confianza en el Dharma.

Lloramos de dolor si nos clavamos una púa picuda, y al tocar agua helada nos recorre un escalofrío, pero este cuerpo que tanto queremos, pronto será solo un cadáver sin ninguna emoción. Su único futuro es ser quemado, enterrado, devorado por los perros o desgarrado por los buitres. Cuando dejemos este mundo, ni nuestros padres, ni nuestros hijos, amigos, sirvientes, casas o riquezas nos acompañarán. Como una pluma, seremos llevados por el viento del karma. ¿A dónde iremos? ¿Dónde nos quedaremos? Ya no tendremos ninguna elección.

¿Quién será capaz de ayudarnos? Solo podremos confiar en nuestro Maestro espiritual, las Tres Joyas y el Dharma que hayamos practicado durante nuestra vida, solo ellos tienen el poder para liberarnos de los tormentos y temores del estado intermedio, entre la muerte y el renacimiento, y para guiarnos hacia la Tierra de Buda. El Dharma plantea dificultades al principio pero, al final, siempre acaba en gozo. Al contrario de los acontecimientos mundanos que nos deleitan al principio, pero acaban de forma lamentable y producen decepción.

¡Qué difíciles y austeras pruebas tuvo que afrontar Milarepa! Sin embargo, a través de ellas alcanzó el inmutable estado de Vajradhara, la felicidad pura de la no-dualidad. Vivió en solitarias cuevas, pero su gloria viajó a través del mundo. También él tuvo que cruzar el umbral de la muerte, pero ahora está sentado en el centro del mandala de la Tierra del Puro Gozo. ¡Que diferente de las gentes orgullosas de este mundo! Cuando un jefe de estado o un millonario mueren, el pueblo exclama: "Fulano de tal ha muerto." Pero esto es todo; su pérdida no tiene mayor significado que una vela consumida o un charco de agua evaporado.

La palabra *dharma* también significa "enmendar" o "corregir". Corregir todas las imperfecciones y desarrollar las perfecciones, ¿de qué otra manera podemos conquistar la libertad? Las cualidades que son el resultado de la práctica del Dharma moran en nosotros como un potencial espiritual para nuestras vidas futuras.

28

Si deambulas distraído,
perderás los dones y libertades de la vida humana;
Pueblo de Tingri, toma una decisión definitiva ahora.

Si hay una tendencia invariable en nuestras inquietas y siempre cambiantes mentes, es nuestra fuerte predilección por las distracciones mundanas. Hasta que no aprendamos a gobernar nuestros pensamientos y logremos la verdadera estabilidad de la mente, nuestro compromiso será necesariamente dubitativo, y corremos el riesgo de vernos arrastrados por actividades muy poco significativas, malgastando nuestra vida y las oportunidades que el Dharma nos ha proporcionado. Posponer la práctica del Dharma para el día siguiente es tanto como aplazarla hasta el día de nuestra muerte.

Movido por la fe, el cazador Chirawa Gonpo Dorje le dijo a Milarepa: "He decidido empezar con el Dharma, pero primero debo regresar a mi casa para pedir permiso a mi familia. Regresaré inmediatamente después." El ermitaño le dijo: "Decídete ahora. Si regresas a casa, tu familia va a hacerte cambiar de opinión y no regresarás. Si tienes la intención de entregarte al Dharma, resuelve hacerlo ahora mismo." Y eso fue exactamente lo que hizo Gonpo Dorje, y se convirtió en unos de sus discípulos más realizados.

¡No caigas en la trampa de la duda! Concentra toda tu energía y dedícate a practicar sin dejar que ninguna otra consideración interfiera en tu decisión.

29

Mientras estás distraído con tus quehaceres
el demonio de la muerte te atrapará;
Pueblo de Tingri , practica desde este mismo momento
en adelante.

Tus campos necesitan ser labrados, o debes ocuparte de tus negocios, o la búsqueda de un buen cliente acapara toda tu atención… Solo estoy haciendo figuraciones de las cosas a las que dedicas tu tiempo. Pero recuerda, cuantos más desvelos de este tipo haya en tu vida, mayor riesgo corres de que la muerte acabe robándote el poco tiempo que le habías pensado dedicar a la practica del Dharma. No permitas que el peso de las preocupaciones ordinarias te desvíe del propósito del Dharma. Si el pensamiento de querer practicar acude a tu cabeza un día en concreto, empieza aquél mismo día. Si viene una noche, empieza aquella misma noche. Estés donde estés y sea cuando sea, comienza allí mismo, en aquel momento preciso.

30

<blockquote>
¿Cuándo va a aparecer el demonio de la muerte?
no hay modo de saberlo;
Pueblo de Tingri , a partir de ahora,
mantente siempre alerta.
</blockquote>

La muerte es tan repentina y fulminante como un relámpago. Golpea sin avisar y sin importarle las circunstancias. Puedes gozar de buena salud, estar disfrutando de una comida deliciosa con tus amigos o contemplando un precioso paisaje. En ese preciso instante, la muerte puede estar a pocos segundos. Tus seres queridos van a quedar atrás, dejarás vuestra conversación a medias, no podrás terminar la comida y tampoco tus proyectos alcanzarás a concluirlos.

¿No ocurre todo el tiempo que la gente muere repentinamente, víctimas de un accidente, asesinados, envenenados por alimentos contaminados, por una medicina en mal estado, por una lesión haciendo deporte, jugando, o en el campo de batalla? La muerte siempre está al acecho, es una amenaza constante. Mantente alerta, como un viajero al cruzar un país infestado de bandidos. Un líder político amenazado de muerte nunca reduce su vigilancia; evita dormir dos noches seguidas en el mismo sitio, siempre consciente de la inminencia de la muerte. Sé así todo el tiempo. Acuéstate cada noche pensando: "Por la mañana, ¿encontrarán un cadáver en mi cama?

31

El día que mueras, nadie habrá para protegerte;
Pueblo de Tingri, prepárate para contar
solo contigo mismo.

Cuando cruzas el umbral de la muerte, los amigos que te rodean, no pueden acompañarte más allá. Es muy poco lo que pueden hacer para ayudarte. Ni siquiera el magnate más rico puede llevarse un solo penique de su fortuna. Y sería totalmente en vano que el más poderoso de los generales ordenara a sus tropas detener a la muerte, como cualquiera mortal, tendría que rendirse ante ella.

Tu consciencia dejará tu cuerpo y deambulará por el bardo. Allí, con un ilusorio cuerpo mental, te encontrarás solo entre las sombras, perdido y desesperado sin saber qué hacer ni a donde ir. Las alucinaciones que provocan el tormento son tan terroríficas que superan cualquier intento de describirlas. Si bien no son más que proyecciones de tu mente, adquieren una poderosa realidad en ese momento.

La única fuente de consuelo posible será la experiencia que puedas haber adquirido a través de la práctica del Dharma. De ahí la importancia de empezar a hacer el esfuerzo por practicar ahora mismo. Aún en tiempos de paz, una nación prevé la eventualidad de una guerra y sus defensas permanecen preparadas para responder a un ataque. Del mismo modo, mantente alerta y prepárate para la muerte practicando Dharma. Como una eterna cosecha, te abastecerá de provisiones para las vidas venideras y será la base de tu felicidad en el futuro.

32

Si meditas en la muerte, no necesitas más.
Pueblo de Tingri, ten siempre presente a la muerte.

Una vez estés convencido de que nada permanece, reconozcas que la existencia es extremadamente frágil y se haya arraigado en tu mente la consciencia de que la muerte es una amenaza constante, dejarás de anhelar las miserias ordinarias de la vida. No desearás nada más que poder practicar Dharma en un lugar solitario. Fijaos en Jetsun Milarepa. Solo tenía ortigas para alimentarse y un chal de algodón para vestirse, sin embargo, en una sola vida, alcanzó el nivel supremo de un Receptáculo de la Consciencia No Dual. Pero, si no meditáis profundamente en la muerte y en la impermanencia, vuestra falta de perspectiva hará que os sea difícil deshaceros de las preocupaciones más inútiles de vuestra vida. Vuestra tendencia de querer siempre más de lo que necesitáis continuará. Aunque tengáis lo suficiente para comer, codiciáis aun más comida deliciosa. A pesar de poseer suficiente ropa para vestiros y un lugar adecuado para vivir, continuáis pensando en ataviaros con algo mejor o más de actualidad y en disfrutar de una casa más cómoda y grande. Aunque ya tengáis un socio o un amante, estaréis constantemente buscando otro mejor.

Todo esto indica que no recordáis lo cerca de la muerte que estamos todo el tiempo. ¿Por qué invertir toda esa energía en planes para el futuro, si no podemos estar seguros de permanecer en este mundo y vivir en el largo tiempo?

Los grandes practicantes del pasado se describían a ellos mismos como "yoguis con el pensamiento de la impermanencia implantado profundamente en sus corazones." Veían claramente la futilidad de los propósitos ordinarios. Sus mentes estaban totalmente volcadas hacia el Dharma. Su práctica del Dharma se basó en una sobria vida inspirada por los pensamientos acerca de su propia muerte, la cual sabían que tendría lugar en una cueva solitaria. Todos esos practicantes, desde luego, ahora están muertos porque este es el destino de todos los seres vivientes. Pero en lugar de renacer en los reinos del sufrimiento, donde todos los ansiosos de los placeres de esta vida son finalmente confinados, ellos están en la Tierra del Buda. Tan previsora y profunda perspectiva, puede afianzarse dentro de ti. Es el resultado de estar constantemente atento a la muerte. La conciencia de la muerte es un néctar, como la medicina que te devuelve la salud y un guardia que vigila la disciplina de tus prácticas, sin dejar que caigas en distracciones.

33

Como una alargada sombra cuando cae el sol,
el demonio de la muerte se acerca implacable;
Pueblo de Tingri, ¡Rápido! Aléjate de él.

Cuando el sol cae al atardecer, las alargadas sombras de las colinas del oeste se aproximan hasta sumirnos en el crepúsculo. Así también las sombras de la muerte nos acercan al declive de nuestras vidas. Pero hay una importante diferencia; la muerte no acontece bajo una predicción de tiempo o de lugar. Desde el momento de nuestro nacimiento, nuestras vidas se mueven inexorablemente hacia la muerte, pero ese encuentro es algo impredecible.

Un criminal en búsqueda y captura nunca está tranquilo. Siempre está alerta, ideando constantemente un plan eventual para escapar del castigo que le espera. Nunca le encontrarás dibujando los planos de su futura casa.

¿Cómo puedes descansar cuando la muerte amenaza con golpearte en cualquier momento? A partir de ahora, tu único camino debe ser la práctica del Dharma. No hay otro modo de convertir la muerte en algo favorable.

34

La encantadora flor de la mañana
se marchitará al anochecer;
Pueblo de Tingri, no deposites demasiadas esperanzas
en tu cuerpo.

¿Estarán allí las graciosas flores que bailaban con la brisa veraniega después de las ventiscas y el granizo del invierno? Los bosques pasan del verde al dorado del otoño, y en invierno las ramas de los árboles se matizan con una apariencia oscura e inerte. También nuestros cuerpos envejecen y decaen día tras día. No hay nada que podamos hacer para evitarlo. Cuanto más te preocupes por el deterioro físico, más ansioso te sentirás. No te inquietes demasiado por tu apariencia. En lugar de eso, concéntrate en no malgastar tu vida. Practica Dharma. Cuanto más te aferres a él, mayor será tu grado de satisfacción.

35

Aunque mientras están vivos, parecen hijos de los dioses,
una vez muertos, asustan más que una horda de demonios;
Pueblo de Tingri, has sido engañado
por estos cuerpos ilusorios.

Vuestro cuerpo debe ser algo de lo que os sentís muy orgullosos en este momento, no dudáis en colmarle de mimos y atenciones, en velar por él como es debido. Cuidáis también de vuestras familias y amigos, les habláis cálidamente, sois toda sonrisa. El día después de vuestra muerte, sin embargo, todo será diferente. Vuestros seres queridos harán cuanto esté en su mano para sacar vuestro cuerpo fuera de la casa lo más rápidamente posible. ¿Quién quiere un muerto en su casa? Si estuvieseis en el Tíbet, vuestro cadáver sería amortajado con telas, metido en un saco y conducido al cementerio para ser descuartizado por unos hombres y arrojado posteriormente a los buitres.

¿Qué podéis hacer para darle un buen uso a vuestro cuerpo? La mayoría de gente no tiene ni idea. Un artesano que tome prestadas algunas herramientas, intentará utilizarlas lo mejor posible mientras estén a su disposición. Vuestro cuerpo también es un préstamo temporal, solo lo tendréis por un breve periodo hasta que la muerte os lo arrebate. ¿No sería mejor utilizarlo para practicar Dharma mientras podáis?

36

Los concurrentes a un día de mercado,
tras cerrar sus tratos, se dispersan a la mañana siguiente;
Pueblo de Tingri, tus amigos se separarán de ti,
no tengas duda.

Cuando un grupo numeroso se reúne para una fiesta, suele ser un acontecimiento agradable. Ríen, bailan, platican y disfrutan de una comida compartida. Pero todas las reuniones, por un motivo u otro, llegan a su fin, y todos los presentes acaban dispersándose. Cuando cae el sol, el mercado, que ha estado abarrotado de gente desplegando una gran actividad durante todo el día, acabará desierto. Los miembros de una familia unida, aunque se sientan felices estando juntos, tendrán que cruzar el umbral de la muerte uno detrás de otro, completamente solos.

37

Este espantapájaros conjurado por la magia,
va a caer sin duda alguna.
Pueblo de Tingri, actúa según el vínculo
del efecto con la causa.

El espantapájaros que el agricultor coloca en sus campos para disuadir a los pájaros y a los animales salvajes, probablemente dure solo una temporada. Azotado por la lluvia y el viento, pronto quedará reducido a los trapos y jirones que le dan forma. Del mismo modo, el efímero nexo de unión entre nuestro cuerpo y mente, resultado de la conjunción de varias causas y condiciones, tarde o temprano se desintegrará.

A medida que se acerca la hora de que tu cuerpo y tu mente se separen, irán cayendo presa de los estragos causados por la enfermedad y la vejez. No tendrás ni el tiempo ni la fuerza para practicar Dharma y, sin embargo, te lamentarás de no haber empezado antes. Es ahora —ahora, en este preciso instante de tu vida, mientras tienes todas las condiciones a tu favor— que debes conjurar todas tus energías para practicar. ¿No es durante el día de mercado que los comerciantes aprovechan para exponer sus mercancías?

Hacer planes para estudiar Dharma no te reportará conocimiento ni sabiduría. Si continúas posponiendo el estudio, la reflexión o la meditación para más adelante, el momento llegará cuando tus facultades físicas e intelectuales hayan degenerado, y entonces ya serás incapaz de implicarte en ninguna de estas cosas. El Maestro espiritual que te hubiese podido guiar, dejará éste mundo y tú habrás malgastado tu oportunidad.

En general, seguimos nuestras tendencias negativas, que son el resultado de nuestras acciones negativas pasadas. Las tendencias positivas que conducen hacia el Dharma son el raro privilegio de aquellos que se han consagrado a las acciones positivas. Tan pronto como se presenten las condiciones favorables para la práctica del Dharma, debemos aplicarnos tajantemente en aprovechar la oportunidad mientras esté allí –como los agricultores en tiempo de cosecha, que trabajan duro desde el amanecer hasta el crepúsculo, sabiendo que cualquier retraso podría significar la pérdida de su cultivo–.

La gente aplica un tremendo esfuerzo para ver cumplidas metas comunes. Como dice el refrán: "Llevan un sombrero de estrellas y zapatos de escarcha" porque todavía están fuera entrada la noche y empiezan a trabajar otra vez al amanecer. ¿No deberías poner mil veces esta energía si el objetivo es lograr la Iluminación, la más importante de todas las metas?

38

Ten por seguro que el buitre de tu mente
saldrá volando algún día;
Pueblo de Tingri, ahora es el momento
de elevarse a las alturas.

Un buitre, cuando ha terminado de alimentarse de un cadáver, lo abandona y sale volando. Del mismo modo, cuando llega el momento, tu mente, habiendo acabado con esta vida, abandonará tu cadáver y planeará hacia el bardo. Para ir más allá del samsara y del nirvana, necesitaremos las dos alas: la vacuidad y la compasión. A partir de ahora, utilicemos estas dos alas para volar sin miedo hacia el cielo de la vida que está por venir.

39

Todos los seres de los seis reinos
te han cuidado como padres;
Pueblo de Tingri, cultiva tu amor y compasión
para con ellos.

Tan infinito como el espacio es el número de seres vivientes. Sin embargo, tendemos a pensar que las únicas relaciones que nos vinculan a otros seres son las que tenemos actualmente. En nuestro vecindario, nos gustan unos pocos, nos disgustan otros tantos e ignoramos al resto. Basándonos en esta discriminatoria e limitada percepción de los demás, seguimos dando votos al apego y a la agresividad. Así es como acumulamos karma, la fuerza conductora del samsara.

Si pudiéramos visionar la secuencia sin fin de las vidas que hemos dejado atrás, sabríamos que no hay ni un solo ser en la Tierra que no haya sido nuestro padre o nuestra madre, y no solo una vez sino muchas. Para devolver el amor y amabilidad que nos han mostrado, debemos cultivar el cariño y la compasión hacia todos ellos, como hacen los grandes iluminados. Por encima de todo, debemos aspirar desde lo más profundo de nuestra alma, a ser capaces de conducirles hacia la perfecta Iluminación, sin dejar atrás a uno solo de ellos. El mérito que nace de tal anhelo es proporcional al número de seres, así que el deseo de liberar a innumerables seres puede engendrar una cantidad formidable de méritos.

El fundamento para conseguirlo es tener un gran corazón. Como el Buda le dijo al Rey Prasanjit, "Gran Rey, tus responsabilidades son muchas y muy grandes. Te deseo que, tanto si estás sentado como en movimiento, comiendo o descansando, tus actos, leyes y juicios sean guiados por un gran corazón. De este modo, conferirás beneficios ilimitados a tus súbditos y acumularás ilimitados méritos para ti mismo."

¿Qué significa tener un gran corazón? Cuidar de tus padres con cariño es, desde luego, prueba de un buen corazón. Pero tus padres solo son dos entre un número infinito de seres. Para tener realmente un gran corazón debes ver a todos los seres —no solo a tus amigos sino también a tus enemigos y extraños— como a tus padres y deshacerte de todo el odio, el egoísmo y la indiferencia.

Piensa en la persona hacia la cual sientes la más fuerte hostilidad y haz como si él o ella fuesen lo más querido en tu corazón. Si sientes un apego egoísta hacia alguien cercano, considéralo como un encuentro en un sueño, una ilusión mágica desprovista de cualquier realidad.

El buen corazón debe expresarse de un modo tangible en beneficio de los demás. Pero, ¿a qué llamamos beneficiar a los demás? Darles comida, ropa, refugio y afecto son signos inequívocos dignos de un buen corazón, pero tal amabilidad todavía está coartada. Debemos intentar ayudar a los demás de un modo ilimitado y solo el Dharma nos capacita para hacerlo de esta manera.

Debemos intentar ayudar de cualquier modo posible, directa o indirectamente, en nuestras acciones y en nuestras oraciones. Pronunciando los nombres de los Budas y Bodisatvas sobre un hormiguero, un vivero de peces o un criadero de aves, con compasión y con el deseo de: "Puedan estos animales verse libres de renacer en los reinos inferiores del samsara." Hay tantas maneras de ayudar. Inspiraos en el constante ímpetu de desear arrimar el hombro con los demás, y la bodhichita, la aspiración de lograr la Iluminación para el beneficio de todos los seres, crecerá más y más fuerte en ti.

Las acciones no pueden ser juzgadas por su apariencia. Su valor depende de nuestra actitud interior. Llevar a cabo actos llamativos de caridad con un interés personal —esperando gratitud por ejemplo, o una recompensa kármica— no tiene nada que ver con tener un buen corazón. Tal motivación deteriora las cualidades de las acciones. Tened en la mente que el verdadero camino del Mahayana es el amor y la compasión, imbuiros del voto de conducir a todos los seres a la liberación.

La bodhichita tiene dos aspectos, la absoluta y la relativa. La absoluta, es la realización de la vacuidad, que va madurando con el paso del tiempo. La relativa, es un altruismo cuya raíz son el amor y la amabilidad como actitud y también como actividad. Cultivada en lo más profundo durante un largo tiempo, la práctica de la bodhichita relativa transformará la mente de manera natural hasta que la realización de la bodhichita absoluta acabe por despuntar.

Una vez que un Bodhisatva, habiendo realizado completamente la vacuidad, se convierte en Buda, su compasión no funciona a través de pensamientos como "Este ser está rezando para que le ayude, debo beneficiarle" o "Este otro no reza". Su compasión, y la vacuidad que la incrementa, son universales y todo lo abarcan. Tal compasión no conoce la arbitrariedad, el apego o la aversión —del mismo modo que el sol se refleja por igual en cualquier superficie de agua, sea grande o pequeña, clara o turbia—. La compasión es el brillo natural de la vacuidad, libre de conceptos y más allá de toda descripción.

Así es como la actividad de un Buda en beneficio de los seres puede ser ilimitada. Si comprendes esto, sabrás que incluso la brisa fresca que alivia al enfermo hirviendo de fiebre, es fruto de las bendiciones de los Budas.

40

El odio hacia los enemigos
es una alucinación del samsara causada por las acciones;
Pueblo de Tingri, transforma tu odio y tu hostilidad.

Cuando sufrimos un mal que nos es inflingido sin motivo aparente, como el causado por los chinos a los tibetanos, solo puede ser el resultado del mal que nosotros mismos hemos inferido a los demás en vidas pasadas. Le sigue el hecho de que si respondemos a la violencia con más violencia, solo generaremos mayores sufrimientos.

Si alguien te roba algo valioso, no te enfades ni te deprimas. Olvídate de la venganza. En tu mente, ofrécele al ladrón lo que fuese que andaba buscando y reza para que tu clemencia sirva para purificar todos tus errores pasados. El amor es la única respuesta adecuada al odio.

Una historia de una de las vidas pasadas del Buda, nos enseña como la paciencia puede ser perfeccionada. Un día, un rey que transitaba por el bosque con su corte, se enfureció al descubrir que mientras había estado descansando en la sombra, sus reinas concubinas se habían alejado para ir a sentarse a los pies de un sabio que vivía en un claro cercano. El solitario ermitaño era Kshantivadin, "Maestro de la paciencia." Cuando escuchó que al sabio se le suponía un maestro de la paciencia, el rey le retó con su cólera para poner a prueba su famosa imperturbabilidad; cortó primero los brazos de Kshantivadin y luego su cabeza. Ocurrió que a pesar de ser víctima de tan brutal ataque, el sabio sintió solo amor y compasión, y elevo sus plegarías para que el rey y sus esposas se convirtieran en sus primeros discípulos cuando él fuese un Buda.

41

Hacer postraciones y circunvalaciones
purifica los obstáculos del cuerpo;
Pueblo de Tingri, abandona todos tus trabajos
físicos terrenales.

Si trabajas de sol a sol, arando tus campos, construyéndote una casa magnífica o viajando alrededor del mundo, puede que recibas recompensas monetarias y otras efímeras satisfacciones. Pero nada de eso te proporcionará una felicidad duradera o te ayudará en tu progreso en el camino hacía la Iluminación.

En cambio, si relacionas todas tus actividades físicas con el Dharma, incluso gestos tan simples como una postración o caminar rodeando un templo, adquirirán una gran relevancia. El Buda dijo que ofrecer una mera postración con devoción, es causa suficiente para renacer como un gran rey, no solo una vez sino tantas como partículas de polvo cubras con tu cuerpo postrado desde la superficie de la Tierra hasta el dorado suelo del universo[7], y ni siquiera así tus méritos se agotarán.

42

Recitar oraciones y tomar refugio,
purifica los obstáculos del habla;
Pueblo de Tingri, abandona las conversaciones mundanas.

Reza el dicho: "La boca es una caja de trucos, de donde surgen todos los errores y malentendidos." Lo que surge de tu boca cuando estás bajo la influencia de las emociones negativas, solo son chismes, mentiras, calumnias y palabras estridentes. La gente parece tener un apetito insaciable por cotillear maliciosamente y hacer especulaciones constantes acerca de las guerras y otras noticias de mal agüero, consiguiendo agitar sus emociones todavía más.

Sin embargo, por el simple hecho de pronunciar las palabras de una oración, las sílabas de un mantra o los nombres de las Tres Joyas, "Namo Budaya, Namo Dharmaya, Namo Sanghaya," puedes protegerte del sufrimiento y conseguir grandes beneficios espirituales. Quien oiga los nombres de los Budas o de Gurú Padmasambhava, o el sonido de un mantra, se librará de los tres grandes miedos: el miedo que afecta al discípulo del Vehículo Fundamental, atemorizado por caer en los reinos más bajos del samsara; el miedo del discípulo del Gran Vehículo, temeroso de sumirse en una motivación egocéntrica; y el miedo del discípulo del Vehículo del Diamante, quien le tiene pavor al apego a la realidad de los fenómenos.

Como practicante de Dharma, ten particular cuidado de no entregarte al parloteo en vano. Sería mejor que tuvieras una oración en tus labios o que leyeras en voz alta los profundos textos que explican los aspectos, relativo y absoluto, de la realidad.

43

Si tu mente está de continuo preocupada por el dinero o por las posesiones, solo estarás disponiendo las causas necesarias para renacer como un espíritu torturado por el hambre y la sed. Si tus pensamientos son obsesivos en relación a tu familia y tus seres queridos, estarás fortaleciendo la angustia de la separación que sufrirás cuando mueras.

Pero el hecho de que goces de una devoción constante en tu mente, te reportará serenidad y satisfacción duraderas. El solo recuerdo del nombre de tu Maestro espiritual, es suficiente para transformar tus percepciones por completo. Visualizar al gurú encima de tu coronilla, aunque sea por un instante, puede disipar los velos de la ignorancia. La devoción es la anilla que permite que el garfio de la compasión de tu Maestro te arrastre fuera de cenagal del samsara.

La Iluminación, aún siendo intrínseca a la mente, se antoja algo muy difícil de descubrir. Pero si desarrollas una ferviente devoción y la naturaleza iluminada del gurú se funde con tu mente ordinaria, la Iluminación puede conseguirse. Verdaderamente, meditar en el benevolente Maestro es una práctica espiritual más profunda que cualquier otra.

44

Tu carne y tus huesos se unen para adoptar una forma,
pero al final acaban desmembrándose;
Pueblo de Tingri, no creas que vivirás para siempre.

Al final, este cuerpo hecho de carne y huesos está destinado a ser enterrado, incinerado, lanzado al río o a servir de a alimento a los buitres o incluso abandonado para dejar que se pudra. ¿Por qué estar tan apegados a él? No obstante, si lo utilizas para la práctica del Dharma, tu cuerpo puede ser un instrumento muy valioso. Antes que se desintegre, aprovéchalo para avanzar en el camino tanto como puedas. No malgastes su potencial en causas inútiles o lo que sería peor, acumulando acciones perjudiciales.

45

Ve a la conquista del país más sublime;
la firme tierra del estado natural;
Pueblo de Tingri, donde no hay transición ni cambio.

Puedes comprar un pedazo de tierra, rastrillarlo, construir una casa y cultivar los campos convencido de que estas actividades te producirán felicidad y satisfacción en el futuro. Pero, simplemente, no va a ser así.

El único territorio que vale la pena reclamar es el baluarte de la simplicidad primordial, la esencial e invariable naturaleza de todas las cosas. La manera de conquistarlo es a través de la meditación solitaria, progresando hacia los diferentes estadios del camino que desemboca en la Gran Perfección. Una vez hayas tomado posesión de estas tierras, podrás morar en ellas el resto de tu vida, después de la muerte y durante tus futuras reencarnaciones. Pero hasta llegar a este lugar, debes estar preparado para afrontar miles de actos de valentía.

46

Disfruta de la más sublime de las riquezas,
el tesoro de la naturaleza de la mente;
Pueblo de Tingri, la que nunca se agota.

Con gran esfuerzo y determinación, puede que consigas acumular una inmensa fortuna e innumerables posesiones. Pero, ¿crees que podrás salvaguardar estas riquezas para siempre? Sin embargo, hay otros tipos de riqueza –bienes como la sabiduría, la compasión, la fe, la generosidad y la diligencia– que se multiplican a medida que hacemos uso de ellas. Estas preciosas joyas abundan en la naturaleza de la mente y están libres de todos los inconvenientes del samsara.

47

> Degusta el más sublime de los manjares,
> el exquisito sabor de la meditación;
> Pueblo de Tingri, el que sacia todo apetito.

La comida con que te alimentas puede ser deliciosa o insípida, escasa o abundante, pero al final acaba convertida en excremento. Jetsun Milarepa y otros grandes yoguis, sobrevivieron durante meses sin comida y sin sentir hambre. Sabían como conseguirlo a través de la contemplación y la meditación.

Nútrete con la calma y el profundo conocimiento y disfrutarás del sabor de la serenidad en esta vida y en todas las que han de venir. Vas a escapar de la hambruna de la ignorancia y te inclinarás, de manera natural, hacia la meditación.

48

Bebe el más sublime de los néctares,
la ambrosía de la atención;
Pueblo de Tingri, cuyo fluido nunca se interrumpe

A diferencia de las bebidas comunes, el néctar de la atención está disponible en todas partes y a todas horas, y puede saciar tu sed de una vez por todas. Jetsun Milarepa dijo, "Si necesitas algo para beber, saborea el té de la atención y la vigilancia."

Si vas a progresar gradualmente en perfeccionar tus cualidades y superar tus defectos, necesitas estar permanentemente atento a tu estado mental, a la importancia de tus acciones y las consecuencias que estas pueden ocasionar. Mantenerte atento a cualquier cosa que hagas, es esencial, estés caminando, sentado, comiendo o descansando. Te proporciona la fuerza necesaria para encarar la muerte con confianza. Cuando te enfrentes a las terribles visiones del bardo, serás capaz de acordarte inmediatamente de tu Maestro espiritual y de las Tres Joyas, y ellos te rescatarán del miedo. La vigilancia te ayudará en el proceso de la muerte y el renacimiento; valiéndote del proceso de causa y efecto, continuarás progresando en el camino.

La atención debe guiar todas tus acciones y tus esfuerzos espirituales. Sea lo que sea que hagas, aplica siempre estos tres puntos esenciales: emprende la acción con la intención de que sea por el bien de todos los seres; ejecútala con una perfecta concentración, libre de apego al concepto del sujeto, objeto y acción mismos; y, finalmente, dedica el mérito que has creado para la Iluminación de todos los seres.

Por la noche, es bueno examinar lo que has pensado y hecho durante el día, y revelar tus faltas y acciones poco acertadas para así poder repararlas. Habla contigo mismo para decirte que el hecho de haberte encontrado con un

Maestro y recibir sus instrucciones te capacita para comportarte mejor de cómo lo has hecho durante ese día. En cuanto a tus acciones positivas, dedica los méritos a todos los seres y comprométete a incrementarlas al día siguiente.

49

Confíate a la más sublime compañía,
la sabiduría consciente primordial;
Pueblo de Tingri, de la cual nunca podrás separarte.

Tarde o temprano te tendrás que separar de tus seres más queridos. Pero hay un amigo que nunca te dejará, aunque tú no seas consciente de su existencia. Es la naturaleza de Buda, pura consciencia. Empiezas a descubrirlo escuchando las enseñanzas de tu Maestro espiritual. Los lazos serán más íntimos a medida que cultives la calma mental sostenida y los profundos conocimientos de la realidad. Al final, descubrirás que siempre ha estado muy cerca de ti y que siempre lo estará. Esta es la amistad más verdadera que vas a poder cultivar.

50

Busca la más sublime progenie,
la joven consciencia pura;
Pueblo de Tingri, la que es inasequible
al nacimiento y a la muerte.

Cuando un niño nace, los padres se sienten llenos de júbilo. Un nuevo miembro se incorpora a la familia, la continuidad de la misma está asegurada y cuando lleguen a viejos, habrá alguien que cuide de ellos y de sus propiedades. Sin embargo, el poderoso apego a los hijos que sienten los padres, a menudo, acaba ocasionando más penas que alegrías. Les resulta particularmente difícil no caer en la desesperación cuando pierden a un hijo antes de que el paso natural del tiempo se los lleve a ellos primero.

Además, en algunos casos, los padres pueden haber obtenido lo que tienen a través de acciones negativas y animan a sus hijos a seguir actuando del mismo modo. En términos de causa y efecto kármico, se hacen daño unos a otros, aunque sea inconscientemente. Los padres estarán animando a sus hijos para que disfruten las riquezas enturbiadas por la negatividad; y los hijos, al hacerlo, perpetuaran la negatividad y ocasionarán dolor a sus padres.

Como progenie, ¿no sería mejor ir en busca de la más sublime, la innata consciencia pura? Cegado por el engaño, te has olvidado completamente de ella. Pero, si tienes la lucidez suficiente para encontrarla de nuevo, se quedará a tu lado y ni siquiera la muerte será capaz de apartarla de de ti. Y será ella quien te guíe hasta el umbral de la naturaleza de la mente, la unión de la consciencia pura y la vacuidad.

51

Desde el estado de vacuidad,
empuñarás la lanza de la consciencia pura;
Pueblo de Tingri, la visión que está libre
de ser capturada absolutamente por nada.

Tu visión debe ser tan alta e ilimitada como el cielo. La consciencia pura, una vez se manifiesta dentro de la naturaleza vacía de la mente, ya no puede ser cubierta por las emociones negativas, que se convierten en sus ornamentos. El estado invariable que es la realización de la visión, no es algo que nazca, perdure, o cese; dentro, la consciencia observa el movimiento de los pensamientos como un apacible anciano contempla el juego de unos niños. Los pensamientos confusos no pueden afectar a la consciencia pura más de lo que una espada podría atravesar el cielo.

Lady Peldarbum le dijo a Jetsun Milarepa:

Cuando he meditado en el océano, mi mente estaba muy relajada.

Cuando he meditado en las olas, mi mente estaba inquieta. ¡Enséñame a meditar en las olas!

El gran yogui respondió:

Las olas son el movimiento del océano.
Déjalas que amainen por sí mismas en su grandiosidad.

Los pensamientos son la interpretación de la consciencia pura. Crecen dentro de ella y se disuelven en ella. Reconocer que la consciencia pura es de donde provienen tus pensamientos, es reconocer que tus pensamientos nunca han existido, permanecido o cesado. En este punto, los pensamientos ya no pueden inquietar más tu mente.

Cuando corres detrás de tus pensamientos, eres como un perro persiguiendo un palo: cada vez que el palo es arrojado, corres tras él. Pero, si en lugar de eso, miras de dónde provienen tus pensamientos, verás que cada pensamiento crece y se disuelve dentro del espacio de esa consciencia, sin engendrar otros pensamientos. Sé como un león que, en lugar de seguir al palo, se vuelve hacia quien lo lanza. A un león se le tira un palo solo una vez.

Para aprehender el no-creado baluarte de la naturaleza de la mente, debes ir a la fuente y reconocer el origen de tus pensamientos. De lo contrario, un primer pensamiento dará lugar a un segundo, este a un tercero y así sucesivamente. En poco tiempo serás invadido por los recuerdos del pasado y anticipaciones del futuro, y la consciencia pura del presente quedará completamente eclipsada.

Hay una historia sobre un practicante que alimentaba a las palomas con el arroz que había ofrecido en su altar y que, de pronto, le recordaron a todos los enemigos que tuvo antes de empezar a practicar Dharma. Le asaltó el pensamiento: "Hay muchas palomas en mi puerta ahora; si hubiese tenido tantos soldados entonces como palomas tengo ahora, podría haber eliminado fácilmente a mis enemigos."

Esta idea le obsesionó hasta que ya no pudo controlar su hostilidad, dejó su vida de ermitaño, reunió una banda de mercenarios y partió a luchar contra sus antiguos enemigos. Todas las acciones negativas que cometió a partir de entonces, empezaron con ese simple y engañoso pensamiento.

Si reconoces la vacuidad de tus pensamientos en lugar de solidificarlos, el crecimiento y destrucción de cada uno de ellos clarificará y fortalecerá tu realización de la vacuidad.

52

Desde el estado libre de pensamientos,
abandona sin distracciones al observador;
Pueblo de Tingri, la meditación debe estar libre
de sopor o excitación.

Cuando tu mente permanece en el puro conocimiento, sin pensar en el pasado o en el futuro, sin sentirse atraída por objetos externos u ocupada en construcciones mentales, morará en un estado de simplicidad primordial. En ese estado, no hay necesidad de emplear la mano de hierro de la fuerte vigilancia para inmovilizar tus pensamientos. Como se dice: "La Budeidad es la simplicidad natural de la mente."

Una vez hayas reconocido dicha simplicidad, necesitarás mantener está observación con una presencia mental libre de esfuerzo. Entonces experimentarás una libertad interior en la cual no es necesario bloquear la progresión de los pensamientos, o temer que estropeen tu meditación.

53

Desde el estado de espontaneidad natural,
adiéstrate par ser libre de cualquier limitación;
Pueblo de Tingri, en la acción no hay nada
que abandonar o adoptar.

Preserva ese estado de simplicidad. En el caso de que encuentres la felicidad, el éxito y otras condiciones favorables, recíbelas como un sueño o una ilusión. No te aferres a ellas. Y si caes enfermo, eres calumniado o debes enfrentarte a otras pruebas físicas o mentales, lucha por no desanimarte. Reaviva tu compasión con el deseo de que a través de tu propio sufrimiento, el de todos los seres se agote. Sean cuales sean las circunstancias, no te pongas eufórico ni te deprimas, permanece ecuánime y satisfecho en una imperturbable serenidad.

54

Los cuatro cuerpos, indivisibles,
están completos en tu mente;
Pueblo de Tingri, el fruto está más allá
de toda esperanza y duda.

La Budeidad puede parecer lejana, un objetivo lejano casi fuera de alcance, pero en realidad, la vacuidad, que es la naturaleza esencial de tu mente, no es otra cosa que "el cuerpo absoluto" o *dharmakaya*. La claridad, que es su natural expresión, es "el cuerpo de los perfectos dones" o *sambhogakaya*. Emana una compasión que todo lo abarca y es "el cuerpo de la manifestación," o *nirmanakaya*. La unidad intrínseca de estos tres cuerpos es "el cuerpo de la naturaleza tal y como es" o *svabhavikakaya*. Estos cuatro cuerpos –o dimensiones– de un Buda, siempre han estado presentes dentro de ti. El hecho de que pienses que son algo extraño y lejano, solo se debe a que no sabías que estaban allí.

"¿Es correcta mi meditación?" Te preguntas sin descanso. "¿Cuándo conseguiré hacer algún progreso?" "Nunca alcanzaré el nivel de mi Maestro." Dividida entre la esperanza y el miedo, tu mente nunca está en paz. Según sea el humor, un día practicas intensamente y al día siguiente no haces absolutamente nada. Te aferras a las agradables experiencias que surgen cuando alcanzas una calma mental duradera, pero te sientes decepcionado de la meditación cuando ves que no puedes ralentizar el fluido de tus pensamientos. Ese no es el modo de practicar la meditación.

Sea cual sea el estado mental en el que te encuentres, mantén una práctica regular, día tras día, observando el movimiento de tus pensamientos y siguiéndolos hasta su fuente. No esperes ser capaz de mantener el fluido de tu concentración día y noche, desde el principio.

Cuando empiezas a meditar en la naturaleza de la mente, es preferible practicar a base de cortas pero frecuentes sesiones. Con perseverancia, vas a reconocer la naturaleza de la mente progresivamente, y esta realización va a resultar más y más estable. En este punto, los pensamientos habrán perdido su poder para incomodarte.

55

La raíz del samsara y el nírvana,
debes encontrarla dentro de tu mente;
Pueblo de Tíngri, la mente está libre
de cualquier realidad verdadera.

Son nuestras propias mentes las que nos conducen por el sendero equivocado de la existencia cíclica. Ciegos ante la verdadera naturaleza de la mente, nos aferramos a nuestros pensamientos, los cuales son, de hecho, la manifestación de dicha naturaleza. Pero, al aferrarnos a ellos, la consciencia pura se congela convirtiéndose en sólidos conceptos como el "yo" y los "otros", "deseable" y "repulsivo", y muchos más ejemplos. Así es como creamos el samsara.

Si podemos derretir el hielo de esas fijaciones siguiendo las instrucciones de un Maestro, la consciencia pura recobrará su fluidez natural. Dicho de otro modo, si cortas un árbol desde la raíz, el tronco, las ramas y las hojas caerán simultáneamente. De la misma manera, si cortas los pensamientos desde su fuente, toda la ilusión del samsara se colapsará.

Todo lo que experimentamos, todos los fenómenos del samsara y del nirvana, aparecen con la misma claridad de un arco iris y sin embargo, como un arco iris, están desprovistos de cualquier realidad tangible. Una vez hayas reconocido la naturaleza del fenómeno —manifiesta y al mismo tiempo vacía— tu mente será libre del tirano de la ilusión.

Para reconocer la naturaleza última de la mente hay que realizar el estado de la Budeidad y errar en este reconocimiento significa hundirse en la ignorancia. En cualquier caso, es tu mente, y solo tu mente, la que te libera o te ata. Sin embargo, esto no significa que la mente sea una entidad que puedas manipular, como un trozo de arcilla a la que se le pude dar forma. Cuando el Maestro introduce al discípulo en la naturaleza de la mente, no está señalando a un objeto en concreto. Cuando el discípulo busca y encuentra esa naturaleza, no se agarra a ninguna entidad que pueda ser comprendida. Reconocer la naturaleza de la mente, es reconocer su vacuidad. Eso es todo. Es una realización que tiene lugar en el reino de la experiencia directa y no puede expresarse con palabras. Esperar que tal realización vaya acompañada de clarividencia, poderes milagrosos y otras experiencias extraordinarias sería engañarte a ti mismo. ¡Dedícate a reconocer la naturaleza vacía de la mente!

56

El deseo y el odio aparecen,
pero como los pájaros en su vuelo, no dejan rastro;
Pueblo de Tingri, en meditación,
libérate del apego a las experiencias.

Hablando en general, sentimos apego hacia nuestra familia, nuestras pertenencias y nuestra posición, y aversión hacia cualquiera persona que intente amenazarnos. Intenta no prestar atención a esos objetos externos y examina la mente que los identifica como deseables u odiosos. ¿Tienen forma, color, sustancia, o ámbito tu deseo u odio? Si no es así, ¿Por qué razón caes tan fácilmente bajo el poder de tales sentimientos? Porque no sabes como liberarlos. Si dejas que tus sentimientos y pensamientos surjan y se disuelvan por si mismos, pasarán por tu mente del mismo modo que un pájaro cruza el cielo, sin dejar ningún rastro.

Esto se aplica no solo al apego y al odio, sino también a las experiencias de meditación como el gozo, la claridad y la ausencia de pensamiento. Estas experiencias vienen con la perseverancia en la práctica y son la expresión de la inherente creatividad de la mente. Aparecen como un arco iris, formadas como los rayos de sol que irrumpen en una cortina de lluvia; y sentirnos apegados a ellas es tan inútil como perseguir un arco iris con la esperanza de usarlo como chaqueta. Simplemente, deja que tus pensamientos y experiencias vengan y se vayan otra vez, sin agarrarte a ellos.

57

El cuerpo absoluto no nacido
es como el mismísimo corazón del sol;
Pueblo de Tingri, su radiante claridad
no se expande ni mengua.

El dharmakaya, la absoluta dimensión, la naturaleza última de todas las cosas, es vacío. Pero no es simplemente, la nada. Tiene un aspecto cognitivo, radiante y claro que reconoce todos los fenómenos y se manifiesta espontáneamente. El dharmakaya no es algo producido por causas o condiciones; es la naturaleza primordial y presente de la mente.

El reconocimiento de esta primordial naturaleza es como el sol de la sabiduría elevándose sobre la noche de la ignorancia. La oscuridad se disipa instantáneamente; las sombras no pueden permanecer. La claridad del dharmakaya no crece y decrece como la luna, sino que es como el invariable brillo que reina en el centro mismo del sol.

58

Los pensamientos van y vienen
como un ladrón en una casa vacía;
Pueblo de Tingri, de hecho,
no hay nada que perder o ganar.

Convencidos de la realidad de una entidad llamada "yo" y sus pensamientos, vamos detrás de aquellos pensamientos y sensaciones y actuamos de acuerdo a las mismos, creando resultados kármicos, buenos o malos. En realidad, los pensamientos son como un ladrón en una casa vacía, donde el ladrón no tiene nada que ganar y el dueño nada que perder. Darnos cuenta de que los pensamientos, realmente, no se crean ni nacen y, por lo tanto, no permanecen ni dejan de existir, basta para volverlos inofensivos. Los pensamientos liberados de esta manera cuando surgen, no tiene impacto alguno y no acarrean efectos kármicos. No habrá nada que temer de los pensamientos negativos y nada que esperar de los positivos.

59

Las sensaciones no dejan huella,
son como dibujos hechos en el agua;
Pueblo de Tingri, no perpetúes las apariencias engañosas.

Estamos apegados de manera natural al confort y al placer, y preocupados por el sufrimiento mental y físico. Estas tendencias innatas nos llevan a buscar, mantener e intentar incrementar lo que sea que nos produzca placer –ropa cómoda, comida deliciosa, lugares agradables, goce sensual– y a evitar o destruir lo que sea que encontremos desagradable o doloroso.

Constantemente cambiando y desprovistas de cualquier esencia verdadera, esas sensaciones residen en la efímera asociación de la mente con el cuerpo, y es inútil estar apegados a ellas. En lugar de dejarte arrastrar y atrapar por tus percepciones, simplemente deja que se disuelvan tan pronto como se forman, como letras trazadas en la superficie del agua con tus dedos, desaparecen mientras las escribes.

60

Los pensamientos de apego y aversión,
son como el arco iris en el cielo;
Pueblo de Tingri, no hay nada que comprender
o a lo que aferrarse.

Algunas personas pueden estar tan dominadas por su ansia o por su odio que incluso están dispuestos a perder sus vidas para satisfacerlos, como ilustran las guerras tan trágicamente. Tus propios pensamientos y sentimientos de apego y aversión pueden parecer muy sólidos y poderosos, pero si los examinas detenidamente, verás que no tienen mayor sustancia que un arco iris. Dedicar tu vida a intentar satisfacer tales impulsos, estar hambriento de poder, placer y riquezas, sería, seguramente, tan baldío como el deseo de un niño por alcanzar un arco iris.

En la práctica, cuando un fuerte deseo o un arrebato de rabia inflaman tu mente, mira muy de cerca tus pensamientos y reconoce su vacuidad fundamental. Si les dejas, tales pensamientos y sentimientos se disolverán por si solos. Cuando puedas hacer lo mismo con el siguiente pensamiento y con todos los sucesivos, perderán su dominio sobre ti.

61

Los movimientos de la mente,
se disuelven por sí solos, como nubes en el cielo;
Pueblo de Tingri, en la mente no hay puntos de referencia.

Cuando bancos de nubes se acumulan en el cielo, no perjudican la naturaleza del cielo. Cuando esas nubes se dispersan, tampoco lo benefician. El cielo no se hace más puro o infinito, ni lo contrario. No cambia ni se altera por nada. Con la naturaleza de la mente sucede lo mismo. No la afectan los pensamientos cuando crecen ni cuando desaparecen.

La naturaleza esencial de la mente es el vacío. Su expresión natural es la claridad. Estos dos aspectos de la mente pueden distinguirse con propósitos descriptivos, pero esencialmente son uno. Obsesionarse por la noción del vacío o la claridad como si estas fuesen entidades independientes, es un error. La naturaleza última de la mente va más allá de todos los conceptos, definiciones y visiones parciales.

Un niño imagina: "¡Yo podría caminar por encima de esas nubes!" Sin embargo, si realmente se encontrase subido a una nube, no tendría donde apoyar los pies. Del mismo modo, tus pensamientos parecen sólidos hasta que los examinas. Entonces ves que carecen de esencia alguna. Esto es lo que llamamos la simultánea apariencia y simultánea vacuidad de las cosas.

62

Apartados de la obsesión,
los pensamientos se liberan a sí mismos;
Pueblo de Tingri, como el viento,
que nunca se adhiere a ningún objeto.

El viento sopla a través del cielo y vuela cruzando continentes sin posarse en ningún sitio. Surca rápidamente a través del espacio, sin dejar rastro. Permite que los pensamientos pasen a través de tu mente del mismo modo, sin dejar ninguna huella kármica y sin alterar tu realización de la innata simplicidad.

63

La consciencia pura no se obsesiona,
es como un arco iris;
Pueblo de Tingri, las experiencias surgen
sin ninguna dificultad.

La consciencia pura, la mente iluminada, la que, sim-plemente, está libre de todo engaño, transciende las nociones de la existencia y la no existencia.

"Donde hay apego, no hay visión", fueron las palabras que el gran Maestro Sakya, Jetsun Trakpa Gyaltsen, escuchó de Manjushri, el Buda de la Sabiduría, durante una visión. No podemos afirmar que la Iluminación existe, porque ni siquiera los Budas la han visto. Ni podemos decir que no existe, porque es la fuente del samsara y el nirvana. Mientras conceptos como la existencia y la no existencia persistan, no habrás realizado la naturaleza verdadera de la mente.

Un arco iris resplandeciendo en el cielo, puede parecer una manifestación del cielo, aunque no es nada más que el cielo en si. Del mismo modo, las experiencias que surgen en tu mente cuando meditas —las buenas experiencias que te llevan a creer que has logrado la realización, y las malas que te desaniman— de hecho, no tienen una existencia sustancial por ellas mismas. Reza el dicho: "los meditadores engañados por sus experiencias, son como niños atraídos por un arco iris." No concedas importancia a tales experiencias y nunca serán capaces de apartarte de tu camino.

64

Realizar la naturaleza absoluta
es como el sueño del que está mudo;
Pueblo de Tingri, no se puede expresar con palabras.

Auna persona incapacitada para hablar, le resultará imposible describir con palabras un sueño maravilloso, por mas nítido que sea su recuerdo. Del mismo modo, la naturaleza de la mente va más allá de cualquier descripción; no hay palabras que puedan describir su naturaleza definitiva, el dharmakaya. Puedes afirmar que existe, pero no hay nada que puedas mostrar de él excepto su vacuidad. O puedes decir que no es nada en absoluto, pero entonces, ¿cómo explicar sus numerosas manifestaciones? La naturaleza última de la mente, desafía cualquier descripción y no puede ser comprendida por el pensamiento discursivo.

65

La realización es como el placer juvenil de una doncella;
Pueblo de Tingri, el gozo y la felicidad
son indescriptibles.

Con el amanecer de la realización, la mente se torna perfectamente libre, satisfecha, consumada, grandiosa y serena. Esa experiencia, sin embargo, es inexpresable, como el gozo de una adolescente en la flor de la juventud.

66

La claridad y la vacuidad unidas,
son como el reflejo de la luna en el agua;
Pueblo de Tingri, no hay nada por lo que sentir apego
ni nada que superar.

Todo lo que percibimos, todos los fenómenos a lo largo y ancho del samsara y el nirvana, surgen como la simple interpretación de la creatividad natural de la mente. Esta "claridad" de la mente —la distinta apariencia del fenómeno en nuestra percepción— es el resplandor de la naturaleza vacía de la mente. El vacío es la esencia de la claridad, y la claridad es la expresión de la vacuidad. Son indivisibles.

La mente, como un reflejo de la luna en la quieta superficie de un lago, aparece brillante ante tus ojos pero no puedes cogerla. Está vívidamente presente y, al mismo tiempo, es del todo intangible. Por su naturaleza, que es la unión indivisible de la claridad y la vacuidad, nada puede obstaculizarla y tampoco ella puede obstaculizar nada, al contrario de un objeto sólido, como una roca, con una presencia física que ocupa un espacio y excluye a otros objetos. En esencia, la mente es insustancial y omnipresente.

67

Las apariencias y la vacuidad inseparables,
son como el cielo vacío;
Pueblo de Tingri, la mente no tiene centro ni periferia.

La mente aprehende formas, sonidos y otros fenómenos, y experimenta felicidad y sufrimiento. Sin embargo, el mundo de las apariencias nunca ha existido por si mismo. Cuando lo analizas, solo hay vacuidad. Tal como un espacio físico vacío proporciona las dimensiones en las cuales mundos enteros pueden desplegarse, también la vacía naturaleza de la mente proporciona el espacio para que aparezcan sus propias expresiones. Y al igual que el espacio físico es ilimitado, sin centro ni periferia, la mente no tiene principio ni final, en espacio y tiempo.

68

La mente que no tiene pensamientos ni distracciones,
es como el espejo de una bella dama;
Pueblo de Tingri, está libre de cualquier dogma teórico.

Una vez hayas reconocido la naturaleza de la mente, podrás dejar de ceñirte a un recuerdo consciente de esa naturaleza, o de modificarla de cualquier manera. En este punto, no puede decirse que la mente esté ni siquiera "meditando" porque de modo natural, permanece descansando en un estado de serena integración. No hay necesidad de concentrarse en los detalles de una particular visualización, como la forma de una deidad. La mente no se extraviará en la distracción y el engaño que caracterizan el estado ordinario, porque permanece continuamente y sin esfuerzo, en su propia naturaleza.

La consciencia no es afectada por percepciones agradables o desagradables. Simplemente, permanece tal como es, de la misma manera que un espejo al reflejar los rostros de la gente no es cautivado por la belleza ni se ofende por la fealdad. Y al igual que un espejo refleja todas las formas fielmente y con absoluta imparcialidad, también un ser iluminado percibe claramente todos los fenómenos sin que su realización de la naturaleza última se vea afectada de ningún modo.

Una imagen reflejada en un espejo, no es parte del espejo ni se encuentra en ninguna otro lugar que no sea el espejo. Del mismo modo, los fenómenos que percibimos no están en la mente ni fuera de ella. En verdad, una auténtica realización de la naturaleza última de las cosas, está más allá de conceptos tales como el ser y el no ser. Así lo dijo Nagarjuna en *Las Estrofas Raíz del Camino Medio:* Puesto que no afirmo nada, nadie puede refutar mi punto de vista".

69

La consciencia y la vacuidad inseparables,
son como reflejos en un espejo;
Pueblo de Tingri, nada nace y nada cesa.

La naturaleza vacía de la mente no es un estado de letargo o simplemente, la nada. En lugar de eso, tiene la facultad de conocer una claridad natural presente que llamamos consciencia o consciencia iluminada. Estos dos aspectos de la naturaleza de la mente, la vacuidad y la consciencia, son esencialmente uno, como un espejo y su reflejo.

Los pensamientos toman forma dentro del vacío y se disuelven allí, como el reflejo de un rostro que aparece y desaparece en un espejo. Dado que el reflejo del rostro nunca estuvo realmente en el espejo, no deja de "estar" cuando ya no es reflejado en él.

El espejo en sí tampoco cambia. Antes de iniciarte en el camino espiritual, tú estás en el aparente estado impuro del samsara, el cual, en términos relativos, está gobernado por la ignorancia. Una vez estás ya en el camino, los diferentes estados que atraviesas son una mezcla de ignorancia y conocimiento. Al final del camino, en el momento del despertar, solo permanece la consciencia iluminada. A lo largo de las etapas del camino, aunque pueda parecer que ha tenido lugar alguna transformación, la naturaleza de la mente, en si misma, nunca ha cambiado. No estaba corrompida al principio del camino; no ha mejorado al final.

70

El gozo y la vacuidad inseparables,
son como el sol brillando sobre la nieve;
Pueblo de Tingri, no hay nada que aprehender.

Cuando los rayos del sol irrumpen sobre la nieve en las cumbres montañosas, su blanco se hace aún más deslumbrante. Pero, ¿puedes distinguir el brillo de la luz del sol de la blancura de la nieve?

Cuando reconoces la vacuidad de la mente, el gozo inherente que hay en ella, es amplificado. Es el gozo de la libertad perfecta, placentera, y naturalmente libre de obstáculos. Sin embargo, nunca debe ser tomada como algo real a lo que aferrarse. El gozo y la vacuidad son inseparables. Deslumbrante como es, el brillo de la nieve no es un cuerpo que puedas sostener entre tus manos.

71

La palabrería engañosa
se desvanecerá sin dejar rastro, como el eco;
Pueblo de Tingri, en el sonido no hay nada a lo que aferrarse.

Nos gusta escuchar cumplidos. Si alguien te elogia, quieres que diga más y que todo el mundo lo escuche. Por otro lado, cuando tienes que enfrentarte a las críticas o a los rumores maliciosos, moverías cielo y tierra para evitar que esas palabras las oyera alguien y que se extendieran por todas partes.

Sin embargo, los elogios y las críticas, son solo sonidos vacíos, desmerecedores de la más mínima atención. Es tan ridículo preocuparse por ellos como lo sería hincharse de orgullo, u ofenderse, con los ecos devueltos por las paredes de un acantilado.

72

La felicidad y el sufrimiento, obedecen a un mecanismo
–como el del sonido de la caja de un laúd y sus cuerdas–
Pueblo de Tingri, se producen cuando las acciones
se conjugan con las condiciones necesarias.

Una buena pieza de madera es modelada hasta llegar a convertirse en un laúd, y las cuerdas son colocadas convenientemente para que regale un sonido melodioso. Si alguno de esos elementos necesarios falla, el laúd no puede producir música. Del mismo modo, no puedes pretender disfrutar de la felicidad sin haber establecido correctamente las bases desde donde puede surgir. La felicidad y el sufrimiento son el resultado de la compleja interacción de nuestras acciones positivas y negativas.

Así como dominar el arte del laúd requiere una práctica asidua, el dominio de la felicidad demanda una práctica continua del Dharma, y una cierta habilidad en la misma. Acercarse al Dharma con una indisciplinada sed de gratificaciones, no dará mejores resultados que los fervorosos intentos de hacer música rascando torpemente las cuerdas del instrumento. Desde un punto de vista absoluto, el gozo y el sufrimiento no tienen una realidad sustancial. Sin embargo, a un nivel relativo, dependen de las inexorables leyes de causa y efecto, así como la música sigue las leyes de la armonía.

Utilizando otra imagen, del mismo modo que algunas setas que parecen sabrosas y deliciosas son un veneno mortal para el imprudente que las come, la riqueza, la fama y los placeres sensuales, que parecen muy atractivos al principio, acaban en una amarga decepción. Por el contrario, una medicina de sabor muy amargo puede ser el remedio que cure una larga enfermedad; asimismo, la práctica espiritual –a pesar de las dificultades y los calvarios, físicos y mentales que puede conllevar– tiene la capacidad de conducirnos a una indestructible felicidad más allá de todo rastro de dolor.

En consecuencia, es vital distinguir entre aquello que deberías adoptar y lo que deberías rechazar, sin ambigüedades ni titubeos.

73

La libertad natural del samsara y del nirvana,
es como un juego de niños;
Pueblo de Tingri, goza de una mente libre de metas.

Nuestro interminable deambular por el samsara es el resultado de nuestras emociones negativas. Pero, tómate la molestia de examinar la naturaleza de esas emociones con las que estamos tan obsesionados, y que son la causa del círculo de la existencia, y verás que no tienen el menor rasgo de realidad. No descubrirás nada más que la vacuidad.

El verdadero nirvana consta de las infinitas e inexpresables cualidades de la sabiduría primordial. Esas cualidades son innatas en la mente; no hay necesidad de inventarlas o crearlas. La realización las descubre en el transcurso del camino. Aunque esas cualidades, desde un punto de vista último, son simplemente vacías. También el samsara y el nirvana son, así, vacíos. No puede decirse que sean buenos o malos. Cuando comprendes la naturaleza de la mente, eres libre de la necesidad de rechazar el samsara y perseguir el nirvana. Si miras al mundo con la pura simplicidad de un niño, serás libre de los conceptos de belleza y fealdad, benevolencia y maldad, y no volverás a caer en tendencias conflictivas producidas por el deseo o la repulsión.

¿Porqué preocuparse de los vaivenes de la vida cotidiana, como aquel niño que disfruta construyendo castillos de arena pero llora cuando se desmoronan? Mira como los humanos, para conseguir lo que quieren y librarse de lo que no les gusta, se lanzan al tormento como polillas atraídas por la llama de una lámpara. ¿No sería mejor deponer tu pesada carga de obsesiones vanas de una vez por todas?

74

Tu noción del mundo exterior
procede del interior de la mente;
Pueblo de Tingri, deja que el sólido hielo
se funda y se torne líquido.

Los lagos y los ríos pueden congelarse durante el invierno, y el agua se vuelve tan sólida que personas, animales y carruajes viajan de un lado para otro sobre su superficie. Al acercarse la primavera, la tierra se calienta y las aguas se deshielan. ¿Qué queda entonces de aquel hielo sólido? El agua es suave y fluida, el hielo es duro y afilado. No podemos afirmar que ambos son idénticos, pero tampoco que son diferentes —el hielo es solo agua congelada y el agua es solo hielo fundido.

Pasa lo mismo con nuestras percepciones del mundo exterior. Estar apegados a la realidad de los fenómenos, atormentados por la atracción y repulsión, y obsesionados por las ocho preocupaciones[8] mundanas, es lo que hace que la mente se congele. Derrite el hielo de tus conceptos para que el agua fluida de las libres percepciones, pueda correr.

75

El mecanismo de la ignorancia
es como el florecer de un prado en primavera;
Pueblo de Tingri, no se puede contener cubriéndolo.

Durante innumerables vidas, has sostenido la tenaz convicción de una existencia verdadera de ti mismo como un individuo, y de los fenómenos como un todo. La influencia que esta creencia tiene sobre ti, es demasiado fuerte para que seas capaz de librarte de ella por el simple hecho de negar que estas entidades existan en realidad. Lo que necesitas es reconocer clara y directamente, por ti mismo, que ni el "yo" ni los fenómenos poseen realidad alguna.

Si intentases dominar el fluido del agua que sale de un manantial con tus manos o contenerlo con una piedra, la presión del agua superaría tus esfuerzos en solo unos segundos. Análogamente, cualquier intento de bloquear el potente fluido de los pensamientos que, a menudo, surgen durante la meditación, probablemente fracasaría e incluso podrías correr el riesgo de tener problemas mentales. Los pensamientos y sensaciones que habrías intentado reprimir, volverían a manar como enemigos de tu meditación.

El acercamiento correcto es reconocer que tus pensamientos nunca llegan a existir, no permanecen en la existencia ni cesan. No importa cuán numerosos sean, si sabes cómo liberarlos en el momento que surjan, no te causarán ningún daño. Tu meditación tampoco se verá menoscabada por los pensamientos, ni mejorará por la ausencia de estos.

Los pueblos y ciudades que el viajero ve a través de la ventanilla de un tren, no ralentizan la velocidad del tren ni el tren los altera; no se afectan mutuamente. Así es como debes ver los pensamientos que cruzan tu mente cuando meditas.

76

Los engaños del samsara y del nirvana
son como un enemigo frente a frente;
Pueblo de Tingri, haz de la práctica virtuosa tu aliado

Puede que tengas la idea de que el samsara es algo que debes rechazar a toda costa, y que el nirvana es algo que debes esforzarte duramente por conseguir. Pero tales nociones dualísticas, son, en verdad, equivocadas. Son el fruto del engaño que, a su vez, está apoyado en la ignorancia.

Neutralizar el engaño, es como capturar al general de un ejército adversario, así sus tropas se rendirán fácilmente. Sin embargo, para capturar al general, necesitas aliados –el Maestro espiritual y las acciones virtuosas–. Solo con su ayuda serás capaz de purificar y desarrollar tu potencial para alcanzar la Iluminación que, de hecho, es algo inherente dentro de ti.

77

La claridad natural de los cinco kayas,
es como la extensión de un continente de oro.
Pueblo de Tingri, no sucumbas a la esperanza o a la duda,
al apego o a la aversión.

El estado de la Budeidad comprende cinco "cuerpos" (*kayas*), o aspectos de la Iluminación: el cuerpo de la manifestación, el cuerpo de los perfectos dones, el cuerpo absoluto, el cuerpo de la naturaleza tal y como es, y el inmutable cuerpo diamantino[9]. No es bueno que los busques fuera de ti, puesto que son inseparables de la mente ordinaria. Tan pronto como puedas reconocer su presencia, los engaños se desvanecerán y no habrá necesidad de buscar la Iluminación en otro lugar. Un explorador que tome tierra en una isla completamente cubierta de oro no encontrará piedras comunes por más que las busque. Debes descubrir que las cualidades de la Budeidad siempre han estado intrínsecamente presentes dentro de ti.

Es inútil que te preocupes por la lentitud de tu progreso o que te desanimes pensando que la Iluminación está más allá de tu alcance y solo va a tener lugar en un futuro demasiado lejano. Tal actitud va a reforzar tu ansia y va a minar tu habilidad para practicar con una mente calmada. Como dijo Jetsun Milarepa, "No estés impaciente por alcanzar la Iluminación, pero practica hasta tu último aliento."

Desterrando toda esperanza y todo miedo, descansa en la certeza sólida como un diamante, de que la simplicidad primordial de la consciencia es la Budeidad misma. Esta es la condición de la perfecta felicidad, en la cual todas las cualidades de la Iluminación florecerán sin esfuerzo.

78

Con sus libertades y sus dones,
la vida humana es como una isla del tesoro;
Pueblo de Tingri, no vuelvas con las manos vacías.

Un explorador que descubre un tesoro en una isla puede llenar su barco de oro, diamantes, zafiros, rubíes y esmeraldas. Pero su gran fortuna no se puede comparar con la vida humana, que nos ofrece algo mucho más preciado que cualquier gema preciosa: la oportunidad de reflexionar y practicar el Dharma dándole sentido a nuestras vidas. Los tesoros entre los que debemos elegir son las varias enseñanzas ofrecidas por el Vehiculo Fundamental, el Gran Vehiculo y el Vehiculo Diamantino.

Es ahora, mientras estás disfrutando de todas las condiciones favorables de la vida humana, que tienes la libertad necesaria para practicar el Dharma[10]. Si desperdiciamos una oportunidad así somos como aquel mendigo que encuentra una joya y, tomándola por un trozo de cristal, la vuelve a echar a la basura. Aunque, peor sería comprender el valor de la vida humana, pero desaprovecharla deliberadamente en distracciones y en la persecución de la codicia mundana. El explorador que regresara de esa isla con las manos vacías habría cruzado los mares en vano. No cometáis tal error.

79

La práctica del Gran Vehículo
es como una joya que concede todos los deseos;
Pueblo de Tingri, por más que la busques,
será difícil volver a encontrarla.

La gema milagrosa conocida como la joya que cumple los deseos, tiene el poder de colmar todos los sueños y aspiraciones, y puede sacar de la miseria a todo un país. Es una analogía apropiada para el Gran Vehiculo, que tiene el poder de aliviar el sufrimiento de todos los seres.

En esta vida has encontrado un Maestro espiritual y recibido enseñanzas en la práctica del Gran Vehículo. Tal encuentro no es debido a la casualidad sino a la inclinación hacia la vida espiritual desarrollada a lo largo de muchas vidas pasadas.

Un Maestro espiritual cualificado y sus enseñanzas, son algo tan raro y preciado como el loto azul conocido con el nombre de "Udumvara", cuyos brotes se forman cuando un Buda aparece en el mundo, se abren cuando alcanza la Iluminación y se marchitan cuando deja su cuerpo.

El Buda se ha manifestado en nuestro mundo; ha hecho girar la rueda de las enseñanzas y estas han sobrevivido hasta hoy. Las has recibido de un auténtico Maestro y están listas para que las pongas en práctica. En lugar de desperdiciar tu vida en quimeras inútiles, ¿no deberías asombrarte de tu gran fortuna y concentrar todos tus esfuerzos en hacer, simplemente, eso sin perder ni un solo instante?

80

Pase lo que pase en esta vida,
tendrás lo suficiente para comer y vestirte;
Pueblo de Tingri, entrega todo lo que tienes
a la práctica del Dharma.

Aunque tus despensas y tus armarios estén llenos, solo puedes comer una comida de una vez y ponerte un solo vestido. En verdad, lo único que necesitas es alimento suficiente para seguir adelante y ropa que te proteja de los elementos. En cuanto a esas dos necesidades, no te preocupes por ellas: el Buda prometió que nunca nadie encontraría los huesos de aquel que ha renunciado al mundo, muerto de hambre o de frío. ¿De qué sirve preocuparnos por si tendremos suficiente para comer, algo para cubrir nuestro cuerpo o un sitio para dormir? El Dharma es la mejor manera de aprovechar tu vida; no te quepa ninguna duda.

81

Mientras seas joven,
haz una practica rigurosa y austera;
Pueblo de Tingri, cuando seas viejo,
tu constitución no lo resistirá.

Es durante la juventud que debes aprovechar tu condición para practicar Dharma. Cuando las facultades intelectuales requeridas para el estudio, reflexión y meditación, están en su mejor momento y tienes fuerza física para aguantar el rigor del entrenamiento espiritual. Si practicas cuanto te sea posible durante ese tiempo, más tarde, al llegar a viejo, tu práctica habrá adquirido la suficiente estabilidad para continuar floreciendo sin esfuerzo.

Si vas posponiendo las cosas y dejas que pase el tiempo, tu visión se debilitará, te volverás duro de oído, perderás la memoria, te cansarás pronto y acabarás por caer enfermo. Entonces será demasiado tarde para empezar a practicar Dharma. Saca partido de tu juventud lo mejor que puedas y no te arrepentirás cuando seas viejo.

82

Cuando surgen las emociones
aplica el antídoto apropiado;
Pueblo de Tingri, libera todos los conceptos
a su propia naturaleza.

Un comerciante cruzando un bosque infestado de ladrones, tendría un arma a punto. Un viajero que atraviesa un país asolado por una plaga, llevará consigo un gran surtido de medicamentos. Del mismo modo, viviendo como lo haces, bajo la constante amenaza de emociones como el odio, el deseo, el orgullo, los celos y tantos otros, siempre debes estar en guardia para enfrentarte a ellos con los antídotos apropiados. La vigilancia constante identifica al buen practicante. Puede que sepas como practicar cuando todo va bien, pero de poco te sirve si sucumbes ante la primera emoción que te atiza.

Los buenos practicantes son reconocidos por su reacción ante situaciones difíciles, proclives a provocar emociones latentes. Aquellos capaces de reaccionar de inmediato, aplicando el antídoto correcto no tendrán problemas para superar obstáculos

En particular, si saben como trascender conceptos como sujeto y objeto, todos sus pensamientos serán liberados, como una serpiente deslizándose para deshacer los nudos que formaba su cuerpo, sin esfuerzo ni ayuda. Cuando localices la fuente de todos los pensamientos y conceptos, reconocerás que todos tienen la misma naturaleza verdadera; la vacuidad inseparable de la sabiduría trascendental.

83

Piensa de vez en cuando
en todas las lacras del samsara;
Pueblo de Tingri, eso hará que tu fe sea mucho más clara.

Cuando tu diligencia falla, tu ambición enardece y la insatisfacción te hace desear que las cosas sean diferentes a como son realmente, se avecinan malos tiempos. En estos períodos en los que no podrás practicar, reflexiona en las miserias del samsara. Recordar claramente que el ciclo de la existencia está totalmente impregnado por el sufrimiento, reavivará tu fe y reafirmará tu confianza en las enseñanzas.

84

Ahora mismo, desarrolla diligencia y estabilidad;
Pueblo de Tingri, cuando mueras,
te guiarán en el camino.

El líder de un poderoso ejército, armado con reservas de munición, mantiene su compostura cuando observa a su enemigo avanzar. Del mismo modo, el meditador que posee una estabilidad infranqueable en sus prácticas, permanece calmado delante de la muerte. Es el momento de desarrollar dicha estabilidad.

Un viajero sabio prepara todo lo que necesita para su viaje: provisiones, dinero, medicinas, mapas y brújula. Tarde o temprano tendrás que salir hacia el largo viaje de tus vidas futuras, así que mejor que te prepares para ello tomando consejo de tu Maestro y poniendo sus instrucciones en práctica con mucha cautela.

85

Si ahora no eres libre ¿cuándo lo serás?
Pueblo de Tingri, tu oportunidad para comer
es solo de una entre cien.

La gente a menudo dice: "Me encantaría practicar Dharma, pero de momento es imposible. Primero debo cuidar de mi familia y mirar por su futuro."

Pero es ahora, mientras todavía tienes una vida humana, que posees la oportunidad, la libertad y la motivación para seguir el Dharma. ¿por qué posponerlo? ¿Tan seguro estás de que tendrás mejores oportunidades en las vidas que están por llegar llegar? Puede que por entonces vivas completamente atrapado por el sufrimiento y la esclavitud de los reinos inferiores. Si dejas que pasen los meses y los años, la oportunidad de liberarte del círculo vicioso del samsara se habrá perdido.

Cuando te ofrezcan un delicioso festín, paladéalo mientras puedas. El reloj del Dharma ha dado la hora ¡aprovecha la oportunidad antes de que pase!

86

La vida es tan efímera como el rocío en la hierba;
Pueblo de Tingri, no te rindas
a la pereza y a la indiferencia.

La vida es frágil como una gota de rocío posada en el pico de una brizna de hierba, lista para ser arrastrada por la brisa de la mañana. No basta con tener un sincero deseo de practicar el Dharma y la intención de empezar pronto a hacerlo. No esperes pasivamente a que el viento de la muerte arrase tus planes antes de llevarlos a cabo. Tan pronto como la idea de practicar venga a tu cabeza, hazlo sin dudar.

Los practicantes noveles tienen la mente cambiante, vulnerable ante las emociones, como largos tallos de hierba en el prado de una montaña, que se doblan con el viento dominante.

87

Del suelo que ahora pisas, acabarás cayendo;
Pueblo de Tingri, será difícil volver a encontrar
una vida humana.

Si un escalador da un paso en falso al borde de un precipicio, podría costarle la vida. A lo largo de toda tu existencia te has estado acercando poco a poco al abismo de los reinos inferiores, corriendo mayores riesgos que los del alpinista. Una vez has caído, es virtualmente imposible escalar la pendiente que conduce a la buena fortuna del reino humano. La práctica del Dharma es la única cosa que te permitirá atravesar el paso con seguridad.

88

Las enseñanzas del Buda
son como el sol brillando entre las nubes;
Pueblo de Tingri, precisamente ahora se deja ver.

Las enseñanzas de Buda no estarán eternamente disponibles. Cuando el mérito de todos los seres que viven en un periodo de tiempo particular decrece, las enseñanzas también lo hacen. Ciertamente, ahora estamos viviendo en los labores de una oscura era, "la era de las cinco degeneraciones"[11], en la cual el sol del Dharma se está poniendo detrás de las montañas del oeste. Sin embargo, de vez en cuando, puede seguir brillando como el sol de un atardecer abriéndose entre las nubes, y estos fugaces momentos son las únicas oportunidades que tendremos. Una vez caiga la noche, una era de oscuridad empezará en la que ni tan siquiera el nombre de las Tres Joyas será oído.

Adoptar y seguir las enseñanzas no es, por tanto, algo que pueda esperar hasta que sientas que estás preparado. Si sigues deambulando en el laberinto del samsara, es porque en tus vidas pasadas no encontraste las enseñanzas de Buda o las ignoraste. Pero ahora, si te las arreglas para entrar en el camino, la buena fortuna por haberlo hecho te mantendrá en él mientras vas progresando de excelencia en excelencia.

89

Dices cosas muy inteligentes a los demás,
pero no te las aplicas a ti mismo;
Pueblo de Tingri, las faltas que hay dentro de ti
son las que debes sacar a la luz.

Hay gente que puede hablar con elocuencia sobre el Dharma sin haber tenido ningún tipo de experiencia personal de las enseñanzas. Pero aunque sus buenas palabras fluyan sin cesar, el fuego de los cinco venenos está ardiendo en su interior. Cualquiera que pretenda enseñar verdaderamente a los demás, primero debe tener un minucioso fundamento en las enseñanzas. La continua llama de un resistente pabilo, puede encender cientos de lámparas de mantequilla, pero la tenue llama de un pabilo demasiado fino, no puede ni mantenerse él mismo encendido.

Habrás recibido numerosas instrucciones y sabrás, teóricamente, cómo progresar y evitar los obstáculos. Sin embargo, si no te aplicas esas instrucciones a ti mismo, tu conocimiento permanecerá estéril, como la riqueza de un rico avaro que se priva de comer hasta llegar a la muerte.

Si sinceramente quieres progresar, abre los ojos a tus propios defectos. Es tu propia mente la que deberás examinar, como en un espejo. Mantener una opinión presuntuosa de ti mismo, viendo los defectos solo en los demás y observar tus propios defectos como cualidades, seguramente te va a privar de hacer progresos. Según los Maestros Kadampa, las mejores enseñanzas exponen nuestros defectos escondidos. Solo desenmascarando a un ladrón que está fuera de toda sospecha, acabarán sus fechorías.

Aprende cómo identificar tus defectos predominantes, deseo, odio, celos, orgullo e ignorancia. Mantente alerta y a punto para neutralizarlos cuando aparezcan. Sé consciente de tus emociones, como un rey que teme a sus enemigos y se rodea, día y noche, de guardias vigilantes. Los Maestros Kadampa dicen:

> Mantengo la espada de la vigilancia en la puerta de mi mente.
> Cuando las emociones amenazan, yo las amenazo a ellas.
> Solo cuando relajan su dominio, yo relajo el mío.

Mantener una constante vigilancia, incluso bajo el dominio de tus emociones, es esencial. Si no eres consciente de tus propias emociones, será muy fácil perder la perspectiva mientras te engañas a ti mismo pensando que estás practicando el Dharma. Este tipo de práctica errónea puede conducirte a los reinos inferiores.

Mirar un hermoso fresco que describe todos los detalles de los reinos celestiales, no es lo mismo que alcanzarlos realmente. Leer las recetas que te prescribe tu médico no hará que te mejores. Imitar el comportamiento de un practicante de Dharma no te conducirá a la liberación. Teñir una pieza de ropa descuidadamente, es una pérdida de tiempo; el tinte no permanecerá y de nada habrá servido. Es realmente inútil practicar Dharma sin que penetre en tu ser. Estarás despilfarrando tu potencial. Nadie puede andar el sendero por ti. Debes hacerlo tú mismo. Desde luego que no estarás capacitado para eliminar todas tus faltas de una vez. Solo un Buda es perfecto. Pero puedes purificarte tu mismo poco a poco, como la luna emergiendo resplandeciente de entre un mar de nubes.

Ningún crimen es tan grave que no pueda ser reparado. El asesino en serie, Angulimala, cometió 999 asesinatos, pero se convirtió en un *arhat* después de encontrarse con el Buda y purificar sus malas acciones a través de la fuerza de su fe. Cualquier cualidad puede desarrollarse con el esfuerzo suficiente. Pero sin fe ni voluntad, nunca alcanzarás la perfección, aunque el Buda en persona apareciera ante ti.

Tu primer pensamiento por la mañana debe ser el de dedicar el día para la felicidad de todos los seres humanos. Durante el día, pon las enseñanzas en práctica. Al anochecer examina lo que has hecho, dicho y pensado durante todo el día. Dedica lo positivo a todos los seres y promete mejorarlo al día siguiente. Lo negativo, confiésalo y haz votos para repararlo. De este modo, el mejor de los practicantes progresará día a día, el practicante medio, mes a mes y el menos capacitado, de año en año.

90

Que la fe sucumba ante las circunstancias,
puede estar a la vuelta de la esquina;
Pueblo de Tingri , contempla las imperfecciones del samsara.

Gozando de la presencia de los Maestros espirituales y escuchando sus enseñanzas, parecería relativamente fácil despertar sentimientos de fe y confianza. Pero la mente es inconstante y tu recién nacida fe es frágil y puede sucumbir con facilidad ante las cambiantes circunstancias del samsara. Cuando tu fe falla, tu práctica se estanca.

La fe, por lo tanto, necesita nutrirse, y el mejor modo de alimentarla y reavivarla es contemplando la compasión y la bondad de los Maestros y del Dharma, comparando esa perfección con la naturaleza insatisfactoria del samsara. Si pudieras juntar todas las lágrimas que has derramado en tus vidas pasadas, formarían un enorme océano. Si apilarás todos los cuerpos que has tenido —aunque fueran solo los cuerpos con los que has renacido como insecto— el montón sería tan alto como la montaña más elevada. Con la ayuda de estas imágenes mentales, contempla la ceguera de tu compulsión por precipitarte al samsara, e intenta ver el samsara como una terrible prisión de la cual debes tratar de escapar a toda costa.

91

Frecuentar amigos viles,
hará que tu comportamiento se envilezca;
Pueblo de Tingri, abandona cualquier amistad negativa.

La mente, como el cristal, adopta el color de las cosas que le rodean. Estas sentenciado a reflejar las cualidades y los defectos de los buenos o malos amigos con los que te relacionas. Si te asocias con gente malévola, egoísta, rencorosa, intolerante y arrogante, sus faltas te acabarán afectando. Harías bien en mantener las distancias.

92

Frecuentar amigos virtuosos,
hará que florezcan todas tus buenas cualidades;
Pueblo de Tingri, sigue a tus Maestros espirituales.

Siempre es beneficioso estar cerca de un Maestro espiritual. Estos Maestros son como jardines de plantas medicinales, templos de sabiduría. En presencia de un Maestro realizado, rápidamente lograrás la Iluminación. En presencia de un erudito, adquirirás un gran conocimiento. En presencia de un gran meditador, las experiencias espirituales lloverán en tu mente. En presencia de un Bodhisatva, tu compasión se propagará, como cuando una madera común es colocada junto a la madera de sándalo, poco a poco se satura de su fragancia.

93

El engaño y la mentira,
no engaña solo a los demás sino también a ti mismo;
Pueblo de Tingri, que tu propia conciencia sea el testigo.

Como dijo Jetsun Milarepa, "No encontrar nada que reprocharte, es el signo de la pureza con que mantienes tus votos." Tu propia conciencia es tu mejor testigo: conoce mejor que nadie las buenas y malas intenciones que has albergado y el tipo de acciones en que te has implicado. Quien pueda decir con buena fe "He actuado lo mejor que he podido", tiene una mente serena y satisfecha.

Sé el juez de tus propios errores, no juzgues a los demás. Solo el Buda conoce las profundas motivaciones de los demás. Examínate a ti mismo y observa si realmente vives según el Dharma. La devoción emocional, el respeto exterior por las formas, la compasión superficial y la renuncia fingida, no son los atributos de un auténtico practicante. Es perfectamente posible vivir en completa contradicción con el Dharma, mientras se mantiene una irreprochable conducta de cara a la galería.

94

El engaño que nace de la ignorancia,
es el peor demonio,
responsable de los mayores desastres;
Pueblo de Tingri, mantened la vigilancia la atención.

La ignorancia es la causa original de nuestro deambular por el samsara. De hecho, cada ser, incluso el más mínimo insecto, está imbuido por la naturaleza del Buda, como cada semilla de sésamo está impregnada de aceite. Pero cuando los seres no son conscientes de su propia naturaleza, las distintas formas que la oscuridad adopta, les hará sufrir. Esto es la ignorancia.

La ignorancia te conduce a creer en la realidad del yo personal y de los fenómenos. Conduce al ansia y a la repulsión, y a la oleada de emociones que fluyen como consecuencia. Así es como el engaño samsárico entra en acción. Anclado en tu mente, te destroza, como un espíritu malvado que no trae más que ruina y destrucción. En su tratado, *El camino del Bodishatva*[12], Shantideva enseña cómo las emociones negativas nos han dañado sin compasión durante innumerables vidas pasadas. Por lo tanto, debemos oponernos al deseo y al odio y no a nuestros enemigos comunes, quienes son las infelices víctimas de sus pasiones.

Ningún enemigo común, por cruel que sea, puede dañarte más allá de esta vida. Pero las emociones son enemigos más terribles, y te han estado dañando desde tiempo inmemorial. Nunca dejan de animarte para que actúes equivocadamente y, en consecuencia, te provocan un gran sufrimiento. Ahora, con la ayuda de tu Maestro espiritual, puedes, finalmente, identificar al verdadero enemigo. Blande la espada del conocimiento trascendental y aniquila al demonio del apego al "yo" y a la realidad de los fenómenos.

95

Si no te dejas seducir por los tres o los cinco venenos,
el camino está cerca;
Pueblo de Tingri, genera antídotos poderosos contra ellos.

Demasiado a menudo, nuestras mentes se ven gobernadas por los cinco venenos —deseo, odio, ignorancia, celos y orgullo—. Observa cómo el odio empuja a las personas a matarse unas a otras, y a las naciones a entrar en guerra. Mientras das rienda suelta a tus pasiones, ellas te dominan. Pero cuando las analizas cuidadosamente buscando su fuente, desaparecen. Son como nubes tormentosas, amenazadoras e imponentes desde fuera pero impalpables desde dentro. A corto plazo, las emociones aflictivas solo tienen el poder que tú les das. En lugar de entregarte a ellas, una y otra vez, deshazte de su yugo de una vez por todas y entonces, la liberación estará al alcance de tu mano. Para tener éxito, vas a tener que invocar toda tu fuerte determinación. De lo contrario, las instrucciones de tu Maestro no te conducirán a ningún sitio. El Maestro puede guiarte hacia la Iluminación, pero no te puede proyectar hacia ella como si de una piedra lanzada al cielo se tratara. Él te enseña el camino, pero depende de ti seguirlo. Puesto que tus emociones son tan poderosas, debes enfrentarte a ellas con poderosos antídotos. Para deshacerte de una planta venenosa, debes cortarle la raíz. Solo podar unas cuantas ramas, no será suficiente. Del mismo modo, a menos que cortes de raíz tus emociones, crecerán de nuevo, más vigorosas que nunca.

96

Sin una fuerte perseverancia,
no alcanzarás la Budeidad;
Pueblo de Tingri, asegúrate
de que llevas puesta la armadura.

La diligencia es la fuerza motriz de la práctica espiritual. Sakyamuni se convirtió en Buda perseverando durante tres eones y habiendo renacido setenta y una veces como un gran rey dispuesto a sacrificarlo todo para poder recibir las enseñanzas del Dharma. El fruto del mérito que acumuló con tales esfuerzos es el extraordinario poder de sus bendiciones.

Fue a través de un empeño constante que Jetsun Milarepa —arquetipo de los practicantes voluntariosos— y todos los demás grandes Maestros realizados, fueron también capaces de alcanzar la Iluminación. Un meditador sin capacidad de diligencia es como un rey sin guardia, un fácil blanco para sus enemigos, la pereza y las emociones negativas. La batalla para conquistar la liberación está a punto de perderse. Ponte la armadura de la diligencia sin demora y lucha contra la indolencia.

97

Las tendencias habituales,
como un viejo conocido, siguen regresando;
Pueblo de Tingri, no te quedes en el pasado.

Los malos hábitos son fuertes y traicioneros: fuertes porque están arraigados desde vidas pasadas y traicioneros porque, debajo de una apariencia atractiva, pueden conducirte a la ruina. En contraste, mientras eres un principiante en la práctica espiritual, tus buenos hábitos, son débiles y retraídos.

Gracias a la amabilidad de tu Maestro, los brotes de fe, entusiasmo y perseverancia empiezan a nacer en tu mente. Pero son vulnerables a las inclemencias de las circunstancias externas. Como un recluta inexperto encarándose a un mercenario listo para practicar artes marciales, los buenos hábitos no pueden con los malos. Probablemente, continuarás como en el pasado, acumulando bienes, favoreciendo a los que te rodean mientras intentas superar a tus competidores, así como hicieron las generaciones que dejaste atrás. De ese modo seguirás atrapado en este tipo de actividades tan inútiles como, a todas luces, interminables.

Si careces de vigilancia y continúas sucumbiendo a tus malos hábitos, puedes haber recibido todas las instrucciones necesarias para alcanzar la Iluminación, pero te dirigirás a la próxima vida con las manos vacías y lleno de arrepentimiento, como un mercader que, por descuido, ha vendido una reliquia de inestimable valor por una suma trivial, y luego cae en bancarrota. Solo a través del entrenamiento constante adquirirás estabilidad en tu práctica y serás capaz de encarar tus tendencias negativas con confianza y calma.

98

Si tu comprensión y realización
son débiles, reza a tu noble Maestro,
Pueblo de Tingri, y una profunda meditación nacerá en ti.

A veces puede que te desanimes: tu práctica no funciona y te preocupa que nunca sea estable. Nada parece correcto y te preguntas si no progresarías más cambiando de práctica. Si durante estos momentos de duda e incertidumbre, una profunda y anhelante devoción hacia tu Maestro brota desde lo más profundo de tu corazón, los obstáculos que te molestan se desvanecerán y tu práctica mejorará. La fe inamovible y la devoción actúan como un cristal de aumento capaz de concentrar los rayos del sol y quemar fácilmente un manojo de hierba seca.

El progreso real en el camino viene de las bendiciones del gurú, y estas bendiciones son el producto de tu devoción. La mayoría de grandes Maestros del pasado, alcanzaron la realización a través de su devoción a sus propios gurús. Por ejemplo, era tanta la devoción que sentían algunos de los discípulos de Gampopa, que comprendieron la naturaleza de la mente solo por dirigir sus miradas hacia la montaña Dagla Gampo, donde él vivió.

99

Si aspiras a la felicidad en un futuro,
acepta tus pruebas presentes;
Pueblo de Tingri, de este modo la Budeidad
estará justo aquí, a tu lado.

¿Quién sabe que tipo de existencia vas a encontrar después de esta? En el presente, puede que encuentres difícil resistir el hambre, la sed y el frío, pero estas son dificultades menores en comparación con las que puedes sufrir en vidas futuras. A partir de ahora, prepárate para las bendiciones inamovibles de la liberación practicando Dharma.

Si ignoras la probabilidad de vidas futuras –o incluso dudas de que haya estados de existencia diferentes al presente– y te aferras a las metas comunes, vas a malgastar tu energía y todo el precioso potencial de la vida humana. Si te dedicas sinceramente a alcanzarla, la Budeidad no está tan lejos. Está dentro de ti. Está aquí y ahora, la frescura primordial del instante presente. Es la cualidad innata en cada uno de los seres.

La persona rica que invierte su capital incrementa su fortuna, mientras que el avaro la reserva y no genera ningún beneficio. La naturaleza del Buda es tu tesoro natural. Depende de ti hacer fortuna con ello.

100

Este viejo Maestro indio
no se quedará en Tingri para siempre, se irá.
Pueblo de Tingri, es ahora cuando debes esclarecer tus dudas.

Padampa, el viejo *acharya* indio, advirtió a sus discípulos de que sus días estaban contados. Tú también debes aprovechar el encuentro efímero entre Maestro y discípulo, para recibir instrucciones y disipar tus dudas.

101

Yo mismo he practicado sin disipación.
Pueblo de Tingri, también tú debes seguir mi ejemplo.

Habiendo abandonado todo tipo de actividades mundanas, Padampa Sangye alcanzó los ordinarios y extraordinarios logros del Vehículo Diamantino. Realizó la naturaleza última de la mente y fue capaz de beneficiar a innumerables seres. Trascendió toda distracción y engaño. Estos cien consejos son la expresión de su experiencia interior. Si buscáis una transformación espiritual, tomad las vidas de los seres realizados del pasado como ejemplo. Si seguís el ejemplo de Padampa Sangye, no hay duda de que podréis alcanzar su nivel de perfección. Todo depende de vuestros esfuerzos. ¡Que este deseo colme vuestras mentes!

Así acaba el testamento espiritual de Padampa Sangye, sus Cien Consejos en Verso dirigidos al Pueblo de Tingri.

Notas

1 Las enseñanzas de la "Pacificación del sufrimiento" (*zhi byed*) fueron presentadas en el Tíbet por *Pa dam pa sangs rgyas,* d. 1117). Están basadas en el *Prajnaparamita,* "La Perfección del Conocimiento trascendental." Las prácticas de chö *(gcod)* están asociadas a estas enseñanzas, las cuales fueron presentadas en el Tíbet por la gran *yogini* Machik Labdron *(ma gsig lab sgron,* 1055 - 1153). El término *gcod* significa "cortar". Esta práctica apunta a cortar la creencia en la realidad del ego y el fenómeno, así como en todas las otras formas de apego. Un aspecto de la práctica consiste en visualizar el ofrecimiento de nuestro cuerpo a cuatro "huéspedes" *(mgron po bzhi),* que son, (1) las Tres Joyas, los Budas y los Bodhisatvas, quienes son dignos de nuestra fe y respeto; (2) los protectores de la doctrina, los cuales son acreedores de excelentes cualidades; (3) todos los seres vivientes merecedores de nuestra compasión; y (4) espíritus y fuerzas negativas con los que estamos endeudados kármicamente. Esto se refiere a los Ocho Carruajes de los Linajes de la práctica. (Tib. *Sgrub brgyud shing rta brgyad)*: Nyingma, Kadam, Sakya, Kagyü, Shangpa Kagyü, ZhiChey y Chad, Kalachakra o Jordug, y Orgien Nyengyu.

2 Esta imagen evoca la vida de los nómadas tibetanos, quienes conservan la mantequilla que hacen en recipientes de piel de cordero. Puede que una hebra de la lana del cordero se mezcle con la mantequilla, pero cuando la hebra es arrancada, no se lleva ni una pizca de la mantequilla, y deja una mella en el lugar donde ha estado.

3 Las palabras que proclaman la verdad son las formulaciones concisas y poderosas de los fundamentos del budismo, a continuación siguen algunos ejemplos:

Sin cometer el menor de los actos dañinos,
practica virtud perfectamente,
domina tu mente por completo:
Esa es la enseñanza del Buda.
Todas las cosas son transitorias,
toda la pasión es sufrimiento,

todos los fenómeno carecen de realidad,
solo el nirvana está más allá del sufrimiento.

4 Los ofrecimientos de *tormas* de agua *(chu gtor)* y la quema de ofrecimientos *(gsur)* van dirigidas a los cuatro "huéspedes" (ver nota 1). Las tormas de agua están hechas con agua pura mezclada con leche y copos de harina. El ofrecimiento del humo de la comida tostada es consumado al quemarse la harina mezclada con los "tres alimentos blancos" (leche, mantequilla y queso), y los "tres alimentos dulces" (azúcar, miel y melaza), así como sustancias consagradas. Estos ofrecimientos van acompañados de una visualización del Buda de la compasión, Avalokitesvara, en la forma de Kasarpani, y la recitación de su mantra, OM MANI PADME HUM HRI. Hay muchas manifestaciones de Avalokitesvara, y Kasarpani es un aspecto común en muchos de los tantras *kriya*. Desde la perspectiva de los sutras Mahayana, Avalokitesvara es, a menudo, considerado como uno de los "ocho Bodhisatvas" que son los heraldos más cercanos de Buda. Desde la perspectiva de los tantras, se trata de una sabia deidad totalmente iluminada perteneciente a la familia del loto.

5 *Bardo* significa "estado de transición" y, en general, designa el período de tiempo que separa a la muerte del renacimiento. Más precisamente, hablamos de seis bardos:
   – El bardo del nacimiento y la vida *(skyed gnas bar do)*
   – El bardo de la concentración meditativa *(bsam gtan bar do)*
   – El bardo de los sueños *(rmi lam bar do)*
   – El bardo del momento de la muerte *('chi kha bar do)*
   – El bardo de la naturaleza absoluta *(chos nyid bar do)*
   – El bardo de la búsqueda de una nueva existencia *(srid pa bar do)*

6 Ver nota 2.

7 Según la cosmología budista, el Monte Meru y los cuatro continentes, los ocho subcontinentes y los siete océanos que los rodean, descansan sobre una base de oro.

8 Las ocho preocupaciones mundanas son la ganancia y la pérdida, el placer y el dolor, la honra y culpa, la fama y la sombra.

9 Los tres *kayas,* o cuerpos, son aspectos o dimensiones de la naturaleza del Buda, que pueden considerarse como uno, dos, tres, cuatro o

cinco cuerpos. El cuerpo único es la Budeidad. Los dos kayas son el Dharmakaya, o el cuerpo absoluto, y el Rupakaya, o cuerpo de la forma. Los tres kayas son el Dharmakaya, o cuerpo absoluto; el Sambhogakaya, o cuerpo de los perfectos dones; y el Nirmanakaya, o cuerpo de manifestación. Estos tres últimos corresponden a la mente, la palabra y el cuerpo de un Buda, y se expresan por si mismos bajo la forma de las cinco sabidurías.

10 La vida humana puede ser malgastada en vano o puede aprovecharse persiguiendo o entregándose al progreso hacia la Iluminación. Una vida humana solo se considera *preciosa* si está dotada de la libertad para practicar el Dharma y otras condiciones necesarias y favorables.

11 "Era de las cinco degeneraciones" o "cinco residuos" *(dus snyings ma lnga ldan)* es la traducción del término sánscrito *kaliyuga*. Es la era de los *posos*, en la que nada permanece excepto los restos de la perfección de la Era Dorada. En particular, esta oscura era se caracteriza por las cinco degeneraciones: de la vida, del entorno, de las visiones metafísicas, de las facultades de los seres y de su falta de resistencia ante las emociones negativas.

12 Ver Shantideva, *El camino del Bodhisatva*, traducido por el grupo Padmakara Traducciones (Boston: Publicaciones Shambala, 1997).

Glosario

ACCIONES (Tib. *Las*) Las acciones cuyo resultado es la felicidad de los demás, son definidas como positivas o virtuosas; las acciones que provocan el sufrimiento en otros y en uno mismo, son descritas como negativas o no-virtuosas. Cada acción, física, mental o verbal, es como una semilla que conduce a un resultado que será experimentado en esta vida o en una vida futura.

AFERRAMIENTO, APEGO (Tib. *bdag 'dzin*) Sus dos principales aspectos son apegarse a la verdadera realidad del ego y aferrarse a la realidad del fenómeno externo.

APARIENCIAS (Tib. *snang ba*) El mundo de los fenómenos externos. Aunque estos fenómenos parezcan acreedores de una realidad verdadera, su naturaleza última es el vacío. La transformación gradual de nuestra manera de percibir y comprender estos fenómenos, se corresponde a los distintos niveles del camino hacia la Iluminación.

ARHAT (Tib. *dgra Bco. pa*) Aquel que ha conquistado a los enemigos de las emociones aflictivas y se ha dado cuenta de la no-existencia del yo personal, y de este modo, se ha liberado del sufrimiento del samsara. El estado del Arhat es la meta de Shravakayana o Hinayana, que es el Vehículo Fundamental.

BARDO (Palabra tibetana que significa "estado intermedio". Este término, a menudo, se refiere al estado entre la muerte y el posterior renacimiento. De hecho, la experiencia humana abarca seis tipos de bardo: el bardo de la vida presente, el bardo de la meditación, el bardo del sueño, el bardo de la muerte, el bardo luminoso de la realidad última y el bardo del devenir. Los tres primeros bardos se desarrollan en el transcurso de la vida. Los tres siguientes, se refieren al proceso de la muerte y el renacimiento, que desembocan en la concepción, el principio de la existencia posterior.

BODHICHITTA (Tib. *byang chub kyi sems;* lit. "la mente de la Iluminación"). En el nivel relativo, la bodhichita es el deseo de alcanzar la Budeidad por el bien de todos los seres humanos, aplicándose uno mismo en las prácticas necesarias para conseguirlo: el camino del amor, la compasión o las seis paramitas, las seis perfecciones trascendentes, etc. En el nivel absoluto, es la experiencia interior de la naturaleza última.

BODHISATVA (Tib. *byang chub sems dpa*) Aquél que, a través de la compasión, se esfuerza por alcanzar la completa Iluminación –o Budeidad– por el bien de los demás seres.

BUDA (Tib. *sangs rgyas*) Aquél que ha eliminado completamente (*sangs*) los dos velos –el velo de los obstáculos de las emociones y el velo más sutil de las emociones cognitivas (varios grados de conceptos dualistas que nos impiden reconocer la verdadera naturaleza de las cosas)– y quien ha desarrollado completamente (*rgyas*) las dos sabidurías –la sabiduría que conoce la naturaleza última de la mente y los fenómenos, y la sabiduría que conoce los fenómenos en toda su multiplicidad. Se dice que el Buda Sakyamuni, el Buda "histórico", es el cuarto de los 1002 Budas que aparecerán en nuestro mundo durante el presente *kalpa*, mientras a una gran escala, los sutras (especialmente los Mahayanas) hablan de incontables Budas del pasado, presente y futuro, en todas las direcciones del espacio.

CAMINO MEDIO (Tib. *dbu ma;* Skt. *madhyamika*) Las enseñanzas sobre el vacío expuestas primeramente por Nagarjuna y considerada la base del Mantrayana Secreto (ver también Vehículo Diamantíno). "Medio" significa que está más allá de los puntos de vista propios de los dos extremos;

el *nihilismo* por un lado, y la creencia en la realidad del fenómeno (*eternalismo o materialismo*), por el otro.

CINCO AGREGADOS (Tib. *spung po;* Skt. *Skandha;* lit. "montón", "agregados" o "acontecimientos") Los cinco agregados son los elementos componentes de la forma, sensación, percepción, factores condicionantes y consciencia. Son los elementos dentro de los cuales, la persona debe ser analizada sin residuos. Cuando aparecen juntos, se produce la ilusión del "yo" en la mente ignorante.

CINCO SABIDURIAS (Tib. *ye shes lnga*) Cinco aspectos de la sabiduría de la Budeidad: la sabiduría del espacio absoluto, la sabiduría parecida a un espejo, la sabiduría de la igualdad, la sabiduría de la discriminación y la sabiduría del logro total.

CINCO VENENOS (Tib. *dug lnga*) Las cinco emociones negativas: deseo, odio (incluyendo enfado), ignorancia, celos y orgullo. Ver tres venenos.

COMPASIÓN (Tib. *snying rje*) El deseo de liberar a todos los seres del sufrimiento y de sus causas (acciones negativas e ignorancia.) Es complementario con el *amor altruista* (desear que todos los seres encuentren la felicidad y sus causas), con una *alegría solidaria* (regocijándose en las cualidades de los demás), y con la *ecuanimidad,* que hace extensivas las tres actitudes mencionadas a todos los seres, sean amigos, extraños, o enemigos.

CONSCIENCIA (Tib. *rnam shes*) El budismo distingue varios niveles de conciencia: burda, sutil y extremadamente sutil. La primera se corresponde a la actividad del cerebro. La segunda es lo que intuitivamente llamamos "consciencia". Es, entre otras cosas, la facultad de la consciencia de conocerse a ella misma, investigar su propia naturaleza y ejercer el libre albedrío. El tercer aspecto es la facultad básica cognitiva de la mente, libre de imágenes mentales producidas por las percepciones del mundo externo, imaginación y memoria. Esta consciencia pura no opera en el modo dual del sujeto y objeto, y no se involucra en pensamientos discursivos. Estos tres aspectos no son corrientes separadas de la consciencia, sino que se encuentran en diferentes niveles cada vez más profundos. Los niveles burdos y sutiles crecen a partir del nivel fundamental, contrariamente a lo que podría esperarse.

CONSCIENCIA PURA (Tib. *rig pa*) La naturaleza ultima no dual de la consciencia, que está totalmente libre del engaño.

DHARMA (Tib. *chos*) Este término sánscrito normalmente se usa para indicar la doctrina del Buda histórico. "El Dharma de la transmisión" se refiere al cuerpo de las enseñanzas verbales, sean orales o escritas. "El Dharma de la realización" se refiere a las cualidades espirituales que surgen practicando esas enseñanzas.

DUALIDAD, PERCEPCIÓN DUALISTICA (Tib. *gnyis 'dzin*) La percepción ordinaria de los seres no-iluminados; la aprehensión del fenómeno en términos de sujeto (consciencia) y objeto (imágenes mentales y el mundo externo), y la creencia en su verdadera existencia.

EGO, "Yo" (Tib. *bdag*) A pesar del hecho de que somos una corriente en incesante proceso de transformación, interdependientes con otros seres y el mundo entero, imaginamos que existe en nosotros una entidad estática que nos caracteriza, una que debemos proteger y complacer. Un profundo análisis de este ego, revela que es solo una construcción mental ficticia.

EXISTENCIA, VERDADERA, INTRÍNSECA O REAL (Tib. *bden 'dzin*) Un estado atribuido a los fenómenos, sugiriendo que podrían ser objetos independientes, existiendo por si mismos y teniendo propiedades que les pertenecen intrínsecamente.

FACTORES MENTALES AFLICTIVOS, O EMOCIONES NEGATIVAS (Tib. *Nyon mongs;* Skt. *Klesha*) Todos los acontecimientos mentales que nacen del aferramiento al ego, entorpecen la mente y la oscurecen. Los cinco factores mentales aflictivos más importantes, a veces llamados "venenos mentales", son el apego, el odio, la ignorancia, la envidia y el orgullo. Estas son las causas principales del sufrimiento a corto y a largo plazo.

FENOMENO (Tib. *snang ba*) Lo que aparece en la mente a través de las percepciones sensoriales y acontecimientos mentales.

GAMPOPA (1079-1153). También conocido como Dagpo Rinpoche; el discípulo más famoso de Jetsun Milarepa y el fundador de la orden monástica Kagyü.

GRAN PERFECCIÓN (Tib. *rdzags pa chen po;* Skt. *mahasandhi*) La cumbre de los nueve vehículos y la visión ultima de la escuela Nyingma. "Perfección" significa que la mente, en su naturaleza, contiene todas las cualidades de los tres cuerpos: su naturaleza es vacía, el dharmakaya; su expresión natural es la claridad, el sambhogakaya; y su compasión es la que todo lo abarca, el nirmanakaya. Ver nota 9 en la página 180. Ver también Vehículos y Nueve Grados.

GRAN VEHICULO (Tib. *theg pa chen po*) La característica del Mahayana, es la profunda visión del vacío del ego y de todos los fenómenos, unido a la compasión universal y el deseo de liberar a todos los seres del sufrimiento y de sus causas. Para este propósito el objetivo del Mahayana es el logro de la suprema Iluminación o la Budeidad, y su camino consiste en la práctica de las seis paramitas.

HINAYANA Ver Vehículo fundamental.

IGNORANCIA (Tib. *ma rig pa*) Un modo erróneo de imaginar a los seres y cosas, atribuyéndoles una existencia real, independiente, sólida e intrínseca.

ILUMINACIÓN (Tib. *sangs rgyas*) Sinónimo de Budeidad. Es el último logro del entrenamiento espiritual, el punto en el cual la consumada sabiduría interior se unifica con la infinita compasión y surge una perfecta comprensión de la naturaleza de la mente y de los fenómenos: su relativo modo de existencia (el modo en el que aparecen), y su naturaleza última (del modo en que son). Dicha comprensión es el antídoto fundamental para la ignorancia y, por lo tanto, para el sufrimiento.

ILUSIÓN (Tib. *'khrul pa*) Toda percepción ordinaria deformada por la ignorancia.

IMPERMANENCIA (Tib. *mi rtag pa*) La impermanencia burda pertenece al cambio visible; la impermanencia sutil refleja el hecho que nada puede permanecer invariable, ni siquiera el más corto de los momentos concebidos.

INTERDEPENDENCIA U "ORIGEN DEPENDIENTE" (Tib. *rten cing 'brel bar 'byung ba*) Un elemento fundamental de la enseñanza budista según el cual, los fenómenos no se entienden como entidades individuales existentes, sino como la coincidencia de condiciones interdependientes.

JETSUN MILAREPA (1041-1123) Gran yogui y poeta tibetano, cuya biografía y canciones espirituales están entre las más apreciadas obras del budismo tibetano. Él que alcanzo la Budeidad en una vida.

KALPA (Skt.; Tib. *bskal pa*) Un gran kalpa, que corresponde a un ciclo de formación y destrucción de un universo, se divide en ochenta kalpas intermedios. Un kalpa intermedio consta de un pequeño kalpa durante el cual el cauce de la vida se incrementa, y un pequeño kalpa durante el cual decrece.

KARMA (Tib. *las*) Esta palabra sánscrita (literalmente "acción") se refiere a la ley de causa y efecto relacionados con nuestros pensamientos, comportamiento y palabra. Según las enseñanzas de Buda, el destino de los seres, sus alegrías, sufrimientos y percepciones del universo, no son fruto de la casualidad ni de la voluntad de una entidad todopoderosa. Son el resultado de las acciones previas. Del mismo modo, el futuro de los seres se determina por las cualidades positivas y negativas de sus acciones presentes. Distinguimos entre el karma colectivo, el cual define nuestra percepción general del mundo, y el karma individual, que determina nuestras experiencias personales.

LA NATURALEZA DE BUDA (Tib. *bde gshegs snying po*) Esto no es una "entidad" sino la naturaleza última de la mente, libre de los velos de la ignorancia. Cada ser humano tiene el potencial de actualizar esta naturaleza de Buda si alcanza un perfecto conocimiento de la naturaleza de la mente. Es, de algún modo, la bondad primordial de los seres humanos.

LA VERDAD ABSOLUTA (Tib. *Don dam bden pa*) La naturaleza última de la mente y el verdadero estatus de todo fenómeno, el estado que va más allá de todas las construcciones conceptuales, que solo se puede conocer a través de una sabiduría primordial y de un modo que transcienda la dualidad; es tal y como son las cosas desde el punto de vista de los seres realizados.

LAMA (Tib. *bla ma;* Skt. *gurú*) 1. Maestro espiritual, término descrito como la contracción de *bla na meed pa*, o "nada lo supera." 2. Una expresión, a menudo utilizada con ligereza, para dar nombre a monjes budistas y yoguis en general.

LIBERACIÓN (Tib. *thar pa*) Estar libre del sufrimiento y del ciclo de existencias. Este estado todavía no es el de la total Budeidad.

LOGRO. 1. (Tib. *Dngos grub;* Skt. *Siddhi*) El fruto deseado y adquirido a través de la práctica de las instrucciones. Los logros comunes pueden ser, simplemente, poderes sobrenaturales pero, en este libro, el término logro casi siempre se refiere al logro supremo que es la Iluminación. 2. (Tib. *Sgrub pa*). Término usado en el contexto de recitación de mantras.

MAHAYANA Ver Gran Vehículo

MEDITACIÓN (Tib. *sgom*) Un proceso de familiarización con una nueva percepción del fenómeno. Distinguimos entre la meditación analítica y la contemplativa. El objetivo de la primera puede ser un punto a estudiar (por ejemplo, la noción de la impermanencia) o una cualidad que deseamos que se desarrolle (como el amor y la compasión); la segunda nos permite reconocer la naturaleza última de la mente y permanecer dentro de la realización de esa naturaleza, la cual reside más allá del pensamiento conceptual.

MENTE (Tib. *sems; ver también* CONSCIENCIA) En términos budistas, la condición ordinaria de la mente se caracteriza por la ignorancia y el engaño. Una sucesión de instantes conscientes le da una apariencia de continuidad. En el nivel absoluto, la mente tiene tres aspectos: el vacío, la claridad (la habilidad de conocer todas las cosas) y la compasión espontánea.

MÉRITO (Tib. *bsod nams;* Skt. *punya*) Energía positiva generada por las acciones saludables del cuerpo, habla y mente.

NIRVANA (Skt; Tib. *myang 'da 'sdas*) Literalmente, el

estado que hay más allá del sufrimiento. Este término se refiere a cualquiera de los viarios niveles de la Iluminación, dependiendo de si nuestro punto de vista es propio del Vehículo Fundamental o del Gran Vehículo. Ver VEHICULO FUNDAMENTAL, GRAN VEHICULO.

OBSTÁCULOS (Tib. *sgrib pa;* Skt. *avarana*) Los factores que ciegan nuestra naturaleza de Buda.

PENSAMIENTOS DISCURSIVOS (Tib. *rnam par thog pa*) Una conexión ordinaria entre pensamientos condicionados por la ignorancia y la verdad relativa.

REFUGIO (I) Tib. *skyabs yul.* El objeto en el cual uno toma el refugio. (2) Tib. *skyabs 'gro.* La práctica de tomar refugio. Ver también TRES JOYAS.

REINOS INFERIORES (Tib. *ngan song*) Los infiernos, los reinos de los *pretas* (espíritus torturados) y el de los animales.

RENACIMIENTO, REENCARNACION (Tib. *skyes*) Los sucesivos estados que son experimentados por el flujo de la consciencia, y determinados por la muerte, el bardo y el nacimiento (Ver BARDO).

SABIDURÍA. 1 (tib: *shes rab;* skt. *Prajna*) La habilidad para discernir correctamente, generalmente con el particular sentido de la comprensión del vacío. 2 (tib. *Ye shes;* skt: *gnana*) El aspecto primordial y no dual del conocimiento de la naturaleza de la mente. Ver CINCO SABIDU-RÍAS.

SAMSARA (Skt; Tib. *'gro drug*) Seis modos de existencia causados y dominados por un particular veneno mental; los reinos del infierno (odio y enfado), de los pretas o espíritus hambrientos (avaricia), de los animales (ignorancia), de los humanos (deseo), de *asuras* o semidioses (celos) y de los dioses (orgullo). Corresponden a engañosas percepciones producidas por el karma de los seres y son aprehendidas como reales.

SENDERO (Tib. *lam*) El entrenamiento espiritual que permite al individuo liberarse del ciclo de existencia (ver SAMSARA) y luego alcanzar el estado de la Budeidad.

SUFRIMIENTO (Tib. *sdug bsngal*) La entera gama de experiencias insatisfactorias que caracterizan los seis reinos del samsara. En su primera enseñanza, el Buda hizo que el sufrimiento fuese el foco de las Cuatro Nobles Verdades, de las cuales la primera (la verdad del sufrimiento) identifica el sufrimiento como omnipresente en el samsara; la segunda (la verdad del origen del sufrimiento) identifica como causas del sufrimiento a las emociones negativas y a las acciones que provienen de estas. La tercera (la verdad del sendero) afirma que el sufrimiento puede llegar a cesar por completo; y la cuarta (la verdad del cese del sufrimiento) expone el camino de entrenamiento espiritual a través del cual las causas del sufrimiento pueden ser eliminadas para conseguir este cese total.

SUTRA (Tib. *mdo*) Son aquellas palabras del Buda Sakyamuni que fueron transcritas por sus discípulos.

TENDENCIAS HABITUALES (Tib. *bag chags*) Patrones habituales del pensamiento, discurso o acción que han sido creados por lo que uno ha hecho en sus vidas pasadas.

TRES JOYAS (Tib. *dkon mchog gsum;* Skt. *triratna*) El Buda, el Dharma y la Sangha. Estos son los tres objetos de refugio para alguien que entra en el sendero budista. El Buda es el guía, el Dharma es sendero, y la Sangha (todos aquellos que practican las enseñanzas budistas) los compañeros que tienes a lo largo del sendero.

TRES VENENOS (Tib. *dug gsum*) Las tres emociones negativas que son el deseo, el odio y la ignorancia.

VACÍO (Tib. *stong pa nyid*) Esta es la naturaleza última del fenómeno, debido a su ausencia de existencia inherente. La comprensión total del vacío viene acompañada por el crecimiento espontáneo de la ilimitada compasión por los seres conscientes.

VAJRAYANA. (Skt; *tib. rdo rje theg pa*) (Ver Vehículo del Diamante)

VEHÍCULO FUNDAMENTAL (Tib. *theg dman*) El sistema fundamental del pensamiento budista y la practica derivada del primer giro de la rueda del Dharma, y centrado en las enseñanzas de las Cuatro Nobles Verdades (ver sufrimiento) y en los doce vínculos de relación dependiente (ver interdependencia).

VEHICULO DIAMANTINO (*Skt. Vajrayana*) El cuerpo de las enseñanzas y prácticas, basado en los tantras y escrituras, que discurre acerca de la primordial pureza de la mente. También llamado Vajrayana o Mantrayana Secreto.

VEHICULO, NUEVE GRADOS. (Tib. *theg pa, rim pa dgyu*). Los tres vehículos del sutra de los Shravakas, los PratyekaBudas, y los Bodhisatvas seguidos por los seis vehículos del Kriya, Upa, Yoga, Mahayoga, Anuyoga, Atiyoga tantras. También pueden ser agrupados como los tres vehículos: hinayana, que comprende los dos primeros, mahayana (el tercero) y vajrayana (los seis últimos).

VERDAD RELATIVA (Tib. *kun rdzob bden pa*, lit. "Verdad que todo lo esconde". Se refiere al fenómeno en el sentido ordinario que, en el nivel de la experiencia ordinaria, se percibe como real y separado de la mente, quedando de ese modo oculta su naturaleza verdadera.

VISIÓN, MEDITACIÓN Y ACCIÓN (tib. *Lta, sgom, sp-yod pa*). La visión de la vacuidad debe integrarse en nuestra mente a través de la meditación, y debe ser expresada a su vez en forma de acciones altruistas y actividades iluminadas.

9 788849 509428 5